HEYNE KOCHBÜCHER

Dr. Oetker

Suppen & Eintöpfe

WILHELM HEYNE VERLAG
MÜNCHEN

VORWORT

Meine Suppe ess ich nicht! Was der Suppenkasper verneinte, erfreut sich heute wieder größter Beliebtheit.

Denn ob Sommer oder Winter, eine leichte Suppe oder ein deftiger Eintopf, als Vorspeise oder Hauptgericht, bringt Abwechslung in den wöchentlichen Speiseplan.

Die Rezepte sind einfach zuzubereiten und, soweit nicht anders vermerkt, für 4 Portionen ausgerichtet.

KAPITELÜBERSICHT

Gemüse-, Kartoffel- und Cremesuppen

SEITE 8-41

Klare Suppen

SEITE 42-49

Fleisch-, Fisch- und Geflügelsuppen

Eintöpfe

GEMÜSE-, KARTOFFEL- UND CREMESUPPEN

LINSENCREMESUPPE,
REZEPT SEITE 10

450 g ROTE LINSEN
2 l HÜHNERBRÜHE
1 GROSSE ZWIEBEL
1 GROSSE TOMATE
2 TL GROB GEWÜRFELTER
KNOBLAUCH
60 g BUTTER
1 EL FEIN GEWÜRFELTE
ZWIEBEL
2 TL GEMAHLENER KREUZ-
KÜMMEL
1 TL SALZ
FRISCH GEMAHLENER
PFEFFER
LIMONENSPALTEN
(UNBEHANDELT)

LINSENCREMESUPPE

(FOTO SEITE 8/9 – 6 PORTIONEN)

1. Die Linsen in einem großen Sieb oder Durchschlag unter fließendem kalten Wasser abspülen, schlechte Linsen auslesen.

2. In einem Topf die Brühe zum Kochen bringen. Die Zwiebel abziehen, vierteln. Die Tomate waschen, vierteln, den Stängelansatz herausschneiden. Linsen, Zwiebelviertel, Tomatenviertel und Knoblauch in die Brühe geben, teilweise bedeckt etwa 45 Minuten garen, bis die Linsen weich sind.

3. 1 Esslöffel Butter in einer Pfanne erhitzen, die Zwiebelwürfel hinzugeben und unter häufigem Rühren etwa 10 Minuten lang braten, bis sie stark gebräunt sind. Die Pfanne vom Herd nehmen und beiseite stellen.

4. Die Suppe durch ein Sieb passieren. Die im Sieb verbleibenden Hülsen vollkommen ausdrücken, bevor sie weggeworfen werden. Anschließend die Suppe unter ständigem Rühren bei schwacher Hitze 3–4 Minuten wieder gut durchwärmen.

5. Kreuzkümmel, Salz und Pfeffer dazugeben und abschmecken. Unmittelbar vor dem Servieren die restliche Butter in der Suppe auflösen. Zum Schluss die Suppe mit den gebräunten Zwiebeln bestreuen. Die Limonenspalten separat dazu servieren.

DIE ZUTATEN:

FÜR DIE SUPPE:
1 kg TOMATEN
1 KLEINE, ROTE PAPRIKA-
SCHOTE
1 KLEINE, ROTE CHILI-
SCHOTE
2 ZWIEBELN
4 EL OLIVENÖL
2 EL TOMATENMARK
500 ml (½ l) GEMÜSE-
BRÜHE
150 g FRISCHKÄSE MIT
FRANZÖSISCHEN KRÄUTERN
SOJASAUCE
TABASCOSAUCE
SALZ
FRISCH GEMAHLENER
PFEFFER
1 EL GEHACKTES
BASILIKUM

SCHARFE TOMATENSUPPE MIT KÄSETOASTS *(FOTO)*

1. Für die Suppe Tomaten kurze Zeit in kochendes Wasser legen (nicht kochen lassen), kalt abschrecken, enthäuten, Stängelansätze herausschneiden, Tomaten in Würfel schneiden.

2. Paprika halbieren, entstielen, entkernen, die weißen Scheidewände entfernen, Schote waschen und in kleine Würfel schneiden.

3. Chilischote waschen, entstielen, entkernen und in Ringe schneiden. Zwiebeln abziehen und würfeln.

4. Öl erhitzen, Zwiebeln darin glasig dünsten. Tomaten, Paprika, Chili und Tomatenmark hinzufügen, kurz mitdünsten, mit Gemüsebrühe ablöschen, aufkochen lassen und zugedeckt bei mittlerer Hitze etwa 15 Minuten garen.

5. Die Suppe pürieren und durch ein Sieb streichen. Frischkäse in die Suppe rühren, mit Sojasauce, Tabascosauce, Salz und Pfeffer abschmecken. Das Basilikum zugeben.

(Fortsetzung Seite 11)

6. Für die Käsetoasts Vollkorntoastbrot toasten und diagonal halbieren.

7. Frischkäse mit Sahne verrühren. Die Toasts mit der Mischung bestreichen und unter dem vorgeheizten Grill etwa 1 Minute gratinieren.

8. Die Suppe mit einem Tupfer Sahne garnieren und die Käsetoasts dazu reichen.

FÜR DIE KÄSETOASTS:
2 SCHEIBEN VOLLKORN-TOASTBROT
50 g FRISCHKÄSE MIT FRANZÖSISCHEN KRÄUTERN
2 EL SCHLAGSAHNE
2 EL STEIF GESCHLAGENE SCHLAGSAHNE

DIE ZUTATEN:

2 PAPRIKASCHOTEN
(ETWA 400 g)
200 g ZWIEBELN
200 g SAUERKRAUT
2 EL SPEISEÖL
1 l HEISSE FLEISCH- ODER
GEMÜSEBRÜHE
1 GESTR. EL SPEISE-
STÄRKE
125 ml (⅛ l) SCHLAG-
SAHNE
SALZ
FRISCH GEMAHLENER
PFEFFER
1–2 EL WEISSWEIN

PAPRIKA-SAHNE-SUPPE

1. Paprikaschoten halbieren, entstielen, entkernen, weiße Scheidewände entfernen, Paprika waschen und in Streifen schneiden. Zwiebeln abziehen und fein würfeln. Sauerkraut locker zupfen und fein schneiden.

2. Öl erhitzen, Zwiebeln so lange darin dünsten, bis sie hellgelb sind, Paprika und Sauerkraut hinzufügen und kurze Zeit miterhitzen. Brühe hinzugießen, zum Kochen bringen und etwa 20 Minuten kochen lassen.

3. Speisestärke mit Sahne anrühren, Suppe damit binden und mit Salz, Pfeffer und Weißwein abschmecken.

Tipp:
Die Suppe mit kräuterbaguette servieren.

Curry-Rahmsuppe

DIE ZUTATEN:

375 g SCHWEINE-
SCHNITZEL
375 g ZWIEBELN
250 g ÄPFEL
3–4 EL SPEISEÖL
SALZ
FRISCH GEMAHLENER
PFEFFER
1 EL WEIZENMEHL
750 ml (¾ l) FLEISCH-
BRÜHE
ZUCKER
1 TL PAPRIKA EDELSÜSS
2 TL CURRYPULVER
25 g ROSINEN
1 BECHER (150 g)
CRÈME FRAÎCHE
ABGEZOGENE, GEHOBELTE,
GEBRÄUNTE MANDELN

1. Schnitzel unter fließendem kalten Wasser abspülen, trockentupfen, in Streifen schneiden.

2. Zwiebeln abziehen, halbieren und in Scheiben schneiden. Äpfel schälen, vierteln, entkernen, in Stücke schneiden.

3. Öl erhitzen, das Fleisch von allen Seiten gut darin anbraten, mit Salz und Pfeffer würzen und mit Mehl bestäuben, durchschwitzen, die Brühe zugeben und unter Rühren erhitzen.

4. Zwiebelscheiben und Apfelstücke hinzufügen, mit Salz, Zucker, Paprika und Curry würzen, in 20–25 Minuten gar kochen lassen.

5. Rosinen 5 Minuten vor Beendigung der Kochzeit zugeben.

6. Crème fraîche unter die Suppe rühren, mit Salz, Pfeffer und Curry abschmecken und mit Mandeln bestreuen.

400 g KICHERERBSEN
1 ¹/₂ l WASSER
1 ZWIEBEL (50 g)
1 KNOBLAUCHZEHE
100 g STAUDENSELLERIE
2 TOMATEN (ETWA 150 g)
1 BUND PETERSILIE
4 EL SPEISEÖL
2 EL GEKÖRNTE GEMÜSE-
BRÜHE
GEREBELTER MAJORAN
FRISCH GEMAHLENER
PFEFFER
SALZ
4 SCHEIBEN (80 g) VOLL-
KORNTOAST
4 EL OLIVENÖL
75 g FRISCH GERIEBENER
PARMESAN

ITALIENISCHE KICHER-ERBSENSUPPE *(Foto)*

1. Kichererbsen in Wasser über Nacht einweichen, im Einweichwasser etwa 90 Minuten kochen.

2. Zwiebel und Knoblauchzehe abziehen, in kleine Würfel schneiden. Staudensellerie putzen, die harten Außenfäden abziehen, waschen, in Stücke schneiden.

3. Tomaten kreuzförmig einritzen, kurze Zeit in kochendes Wasser legen (nicht kochen lassen), in kaltem Wasser abschrecken, enthäuten, Stängelansätze herausschneiden, Tomaten in Würfel schneiden.

4. Petersilie abspülen, trockentupfen, Blättchen von den Stängeln zupfen, fein hacken.

5. Öl in einem Topf erhitzen, Zwiebelwürfel darin glasig dünsten, Knoblauch- und Tomatenwürfel, Selleriestücke und gehackte Petersilie zugeben, Gemüse etwa 5 Minuten dünsten, etwas abkühlen lassen.

6. Gemüse mit dem Schnellmixstab des Handrührgerätes oder im Mixaufsatz der Küchenmaschine pürieren, zu den Kichererbsen geben.

7. Alles mit Gemüsebrühe, Majoran, Pfeffer und Salz würzen, weitere 5 Minuten kochen lassen.

8. Vollkorntoast in kleine Würfel schneiden, in Öl knusprig braun braten, in die Suppenteller geben, mit Parmesan bestreuen, die sehr heiße Suppe darüber gießen.

375 g JUNGE, AUSGEPALTE
ERBSEN (1,25 KG MIT
HÜLSEN)
2 MITTELGROSSE ZWIEBELN
20 g BUTTER
750 ml (³/₄ l) GEMÜSE-
BRÜHE
SALZ, PFEFFER

FÜR DIE GRIESS-
KLÖSSCHEN:
125 ml (¹/₈ l) MILCH
10 g BUTTER
SALZ, MUSKATNUSS
50 g GRIESS
1 EI, 10 g BUTTER
GEHACKTE PETERSILIE

ERBSENSUPPE MIT GRIESS-KLÖSSCHEN

1. Erbsen waschen, abtropfen lassen. Zwiebeln abziehen, würfeln.

2. Butter zerlassen, die Zwiebelwürfel darin glasig dünsten lassen, die Erbsen hinzufügen, kurz andünsten, Brühe hinzugießen, mit Salz und Pfeffer würzen.

3. Die Suppe zum Kochen bringen, etwa 15 Minuten kochen lassen, 3 EL Erbsen herausnehmen, die restlichen Erbsen in der Brühe pürieren und durch ein Sieb streichen.

4. Für die Grießklößchen Milch, Butter, Salz und Muskat zum Kochen bringen, Grieß unter Rühren hineinstreuen, zu einem glatten Kloß rühren, noch 1 Minute erhitzen, in eine Schüssel geben, Ei unterrühren.

5. Aus der Masse kleine Klößchen formen. In kochendes Salzwasser geben und 5 Minuten gar ziehen lassen (nicht kochen).

6. Klößchen mit den zurückgelassenen Erbsen in die Suppe geben, erwärmen, Butter unterrühren. Die Suppe abschmecken und mit Petersilie bestreuen.

DIE ZUTATEN:

400 g KÜRBISFLEISCH
1 SAURER APFEL
50 g SCHALOTTEN
30 g BUTTER
20 g WEIZENMEHL
500 ml (½ l) GEMÜSE-
BRÜHE
200 ml SCHLAGSAHNE
SALZ
½ TL HONIG
1 EL WEISSWEINESSIG
2 EL GERÖSTETE KÜRBIS-
KERNE
2 EL SAURE SAHNE
3 EL KÜRBISKERNÖL

KÜRBISCREMESUPPE

1. Kürbisfleisch klein schneiden, Apfel schälen, halbieren, entkernen, fein würfeln. Schalotten abziehen, in Scheiben schneiden.

2. Butter zerlassen, Schalotten darin glasig dünsten, mit Mehl bestäuben, hell rösten.

3. Kürbisstücke und Apfelwürfel dazugeben, alles vermengen. Brühe und Sahne hinzugeben, in etwa 30 Minuten weich kochen.

4. Alles fein pürieren, durch ein Sieb streichen, mit Salz, Honig und Essig abschmecken.

5. Kürbiskerne fein hacken. Die Suppe mit saurer Sahne verfeinern. Mit Kürbiskernöl und Kürbiskernen anrichten.

1 HÄHNCHENBRUSTFILET
(300 g)
2 HÄHNCHENKEULEN
(JE 150 g)
300 g HÄHNCHENKLEIN
(FLÜGEL, HERZ, MAGEN,
HALS)
750 ml (¾ l) SALZ-
WASSER
1 BUND SUPPENGRÜN
SALZ
FRISCH GEMAHLENER
PFEFFER
1 KNOBLAUCHZEHE
1 EL WEIZENMEHL
3 EL SPEISEÖL
2 ZWIEBELN
250 ml (¼ l) WEISSWEIN
2 EL CRÈME FRAÎCHE
1 BUND KERBEL
1 KÄSTCHEN BRUNNEN-
KRESSE
GERIEBENE MUSKATNUSS
1 PRISE ZUCKER

USEDOMER HÄHNCHENSUPPE

1. Hähnchenbrustfilet, -keulen und -klein unter fließendem kalten Wasser abspülen und trockentupfen. Keulen auslösen, Knochen, Hals und Flügel in Salzwasser zum Kochen bringen und abschäumen.

2. Suppengrün putzen, waschen, klein schneiden, in die Brühe geben, etwa 60 Minuten bei geringer Hitze kochen lassen und durch ein Sieb geben.

3. Brustfilet, Keulenfleisch, Magen und Herz in kleine Stücke schneiden und mit Salz und Pfeffer würzen. Knoblauch abziehen, zerdrücken und die Fleischstücke damit bestreichen und mit Mehl bestäuben, Öl erhitzen und die Fleischstücke darin gut anbraten.

4. Zwiebeln abziehen, in kleine Würfel schneiden, zu dem Fleisch geben und andünsten. Mit Wein ablöschen, etwas einkochen lassen, 500 ml (½ l) von der Hähnchenbrühe hinzugeben und etwa 20 Minuten lang garen.

5. Crème fraîche unterrühren. Kerbel und Kresse abspülen, trockentupfen, die Blättchen von den Stängeln zupfen. Kerbel grob hacken. Kräuter in die Suppe geben und mit Salz, Pfeffer, Muskat und Zucker abschmecken.

Tipp:
Mit in Butter gerösteten und mit Knoblauch gewürzten Brotwürfeln servieren.

DIE ZUTATEN:

500 g GRÜNER SPARGEL,
SUPPEN- ODER BRUCH-
SPARGEL
700 ml GEMÜSE- ODER
HÜHNERBRÜHE
100 ml SCHLAGSAHNE
SALZ
FRISCH GEMAHLENER
PFEFFER
ZUCKER
GERIEBENE MUSKATNUSS
1 EL GEBRÄUNTE MANDEL-
BLÄTTCHEN
SCHNITTLAUCHRÖLLCHEN

SCHNELLE SPARGELSUPPE
(FOTO)

1. Den Spargel schälen (vom grünen Spargel nur das untere Drittel), Spargel waschen, in der Brühe in etwa 15 Minuten weich kochen.

2. Mit dem Pürierstab fein pürieren und evtl. durch ein Sieb streichen. Sahne unterrühren.

3. Mit Salz, Pfeffer, Zucker und Muskat abschmecken. Mit Mandelblättchen und Schnittlauchröllchen bestreut servieren.

Veränderung: Als Einlage einige Spargelspitzen verwenden, diese dann nur 10 Minuten garen und vorher herausnehmen. Oder als Einlage Shrimps oder Krabben verwenden. Gut schmeckt die Suppe auch mit gerösteten Weißbrotwürfeln oder mit Schinkenstreifen.

Tipp:
Mit geschlagenem Sahnehäubchen garnieren.

DIE ZUTATEN:

1 MITTELGROSSE ZWIEBEL
20 g BUTTER ODER
MARGARINE
500 g VORBEREITETES
GEMÜSE (Z.B. BLUMEN-
KOHL, BROCCOLI, GRÜNE
BOHNEN, MÖHREN,
WIRSING, MAIS,
FRÜHLINGSZWIEBELN)
1 l FLEISCH- ODER
GEMÜSEBRÜHE
SALZ
FRISCH GEMAHLENER
PFEFFER
1 EL BUTTER

GEMÜSESUPPE *(TITELFOTO)*

1. Zwiebel abziehen, in Würfel schneiden. Butter oder Margarine zerlassen, die Zwiebelwürfel darin glasig dünsten.

2. Gemüse hinzufügen, kurz andünsten. Brühe hinzugießen, mit Salz und Pfeffer würzen. Suppe zum Kochen bringen, etwa 20 Minuten kochen lassen.

3. Butter unterrühren, evtl. nochmals abschmecken.

Beigabe: Roggenbrötchen.

Tipp:
Die Suppe mit Tk-Suppengemüse zubereiten.

DIE ZUTATEN:

100 g DURCHWACHSENER, GERÄUCHERTER SPECK

400 g LAMMFLEISCH (OHNE KNOCHEN)

2 EL SPEISEÖL

500 ml (½ l) HEISSE GEMÜSEBRÜHE

1 MITTELGROSSE ZWIEBEL

300 g MÖHREN

100 g JUNGE, GRÜNE BOHNEN

1 ZUCCHINI (ETWA 250 g)

½ TL GEREBELTES BOHNENKRAUT

½ TL GEREBELTER MAJORAN

1 KLEINE PEPERONI

SALZ

FRISCH GEMAHLENER PFEFFER

GERIEBENE MUSKATNUSS

4 TL SAURE SAHNE

FEIN GESCHNITTENER SCHNITTLAUCH

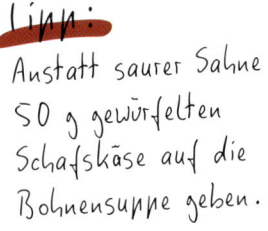

Tipp:
Anstatt saurer Sahne
50 g gewürfelten
Schafskäse auf die
Bohnensuppe geben.

GRIECHISCHE BOHNENSUPPE

1. Speck in feine Würfel schneiden.

2. Lammfleisch unter fließendem kalten Wasser abspülen, trockentupfen, in feine Streifen schneiden. Öl erhitzen, Speck darin auslassen, Lammfleisch von allen Seiten gut anbraten. Die Brühe zugeben und 20 Minuten garen.

3. Zwiebel abziehen, fein würfeln. Möhren putzen, schälen, waschen, in Würfel schneiden. Von den Bohnen die Enden abschneiden, evtl. abfädeln, waschen, in Stücke schneiden. Zucchini waschen, die Enden abschneiden und in Würfel schneiden.

4. Das Gemüse zum Fleisch geben und 10 Minuten garen lassen.

5. Bohnenkraut und Majoran unterrühren. Peperoni halbieren, entkernen, waschen, fein hacken und in die Suppe geben.

6. Die Suppe mit den Gewürzen abschmecken, auf vier Tellern anrichten, je 1 Teelöffel saure Sahne in die Suppe geben und mit Schnittlauch bestreut servieren.

BOHNEN-KARTOFFEL-SUPPE

1. Zwiebel abziehen, halbieren, in kleine Würfel schneiden.

2. Die Enden von den Bohnen abschneiden, evtl. abfädeln, Bohnen waschen. Kartoffeln schälen, waschen. Bohnen in kleine Stücke, Kartoffeln in kleine Würfel schneiden.

3. Zwiebelwürfel in Öl glasig dünsten. Kartoffelwürfel und Bohnenstücke hinzufügen, kurz andünsten.

4. Gemüsebrühe hinzugießen. Bohnenkraut, Liebstöckelblätter, Muskat, Pfeffer, Lorbeerblatt, Hefeflocken und Salz hinzufügen.

5. Die Suppe zum Kochen bringen, bei schwacher Hitze etwa 20 Minuten kochen lassen.

6. Ein Viertel der Suppe abnehmen, Lorbeerblatt entfernen. Restliche Suppe pürieren, abgenommene Suppe hinzufügen.

7. Die Suppe mit Salz abschmecken und mit Petersilie bestreut servieren.

DIE ZUTATEN:

1 ZWIEBEL
500 g GRÜNE BOHNEN
500 g MEHLIG KOCHENDE KARTOFFELN
2 EL SPEISEÖL
750 ml (¾ l) GEMÜSE-BRÜHE
1 TL BOHNENKRAUT
3–4 LIEBSTÖCKELBLÄTTER
GERIEBENE MUSKATNUSS
FRISCH GEMAHLENER PFEFFER
1 LORBEERBLATT
1 EL HEFEFLOCKEN
SALZ
2 EL GEHACKTE PETERSILIE

DIE ZUTATEN:

1 kg ROASTBEEFKNOCHEN
1 l KALTES WASSER
1 BUND SUPPENGRÜN
1 BUND GLATTE PETERSILIE
2 LORBEERBLÄTTER
1 TL WEISSE PFEFFER-
KÖRNER
SALZ
ETWA 450 g AUSGEPALTE
ERBSEN (ETWA 1,5 kg MIT
HÜLSEN)
2 EIGELB (GRÖSSE M)
4 EL SCHLAGSAHNE
2–3 EL KERBELBLÄTTCHEN
4 KÜCHENFERTIGE
HUMMERKRABBEN
(ETWA 200 g)
1–2 EL BUTTER

ERBSENSUPPE MIT HUMMERKRABBEN *(FOTO)*

1. Roastbeefknochen abspülen, in kaltem Wasser zum Kochen bringen und abschäumen.

2. Suppengrün putzen, waschen, grob zerkleinern. Petersilie waschen und beide Zutaten mit Lorbeerblättern und Pfefferkörnern in die Flüssigkeit geben, zum Kochen bringen. Die Brühe mehrfach abschäumen.

3. In etwa 1 Stunde auf 750 ml (¾ l) Brühe einkochen lassen, mit Salz würzen und durch ein Sieb gießen.

4. Erbsen waschen, in die Brühe geben, zum Kochen bringen, in etwa 15 Minuten gar kochen lassen, pürieren und durch ein Sieb streichen.

5. Eigelb mit Sahne verschlagen, die Suppe damit legieren (nicht mehr kochen), Kerbelblättchen unterrühren. Die Suppe abschmecken und warm stellen.

6. Hummerkrabben kalt abspülen und trockentupfen.

7. Hummerkrabben in zerlassener Butter von jeder Seite 2–3 Minuten braten und auf vier vorgewärmte Teller geben. Die Erbsensuppe darüber geben, sofort servieren.

Tipp:
Die Suppe kann auch mit Gemüsebrühe zubereitet werden.

DIE ZUTATEN:

750 g CHINAKOHL
2–3 ZWIEBELN
375 g KARTOFFELN
40 g BUTTER ODER
MARGARINE
375 g GEHACKTES (HALB
RIND-, HALB SCHWEINE-
FLEISCH)
SALZ
FRISCH GEMAHLENER
PFEFFER
250–375 ml (¼–⅜ l)
GEMÜSEBRÜHE
250 g TOMATEN
2 EL TOMATENMARK

CHINAKOHLEINTOPF

1. Chinakohl putzen, den Kopf halbieren, den Strunk herausschneiden, den Kohl vierteln, in schmale Streifen schneiden, waschen, abtropfen lassen. Zwiebeln abziehen, fein würfeln.

2. Kartoffeln schälen, waschen, in Würfel schneiden.

3. Butter oder Margarine zerlassen, die Zwiebelwürfel darin goldgelb dünsten, Gehacktes hinzufügen, kurze Zeit miterhitzen, dabei die Klümpchen zerdrücken, mit Salz und Pfeffer würzen.

4. Kartoffelwürfel, Gemüsebrühe dazugeben und etwa 10 Minuten schmoren lassen, Chinakohlstreifen zugeben und weitere 15–20 Minuten garen.

5. Tomaten kurze Zeit in kochendes Wasser legen (nicht kochen lassen), in kaltem Wasser abschrecken, enthäuten, entkernen, die Stängelansätze herausschneiden, die Tomaten in Stücke schneiden.

6. Tomatenstücke und -mark unterrühren, erhitzen und mit den Gewürzen abschmecken.

DIE ZUTATEN:

375 g WEISSE BOHNEN
2 l WASSER
250 g GERÄUCHERTE
SCHWEINERIPPCHEN
500 g KARTOFFELN
1 BUND SUPPENGRÜN
BOHNENKRAUT
SALZ
FRISCH GEMAHLENER
PFEFFER
250 g GERÄUCHERTE
METTWURST
2 EL GEHACKTE PETERSILIE

BOHNENSUPPE MIT METT-WURST *(6 PORTIONEN)*

1. Bohnen abspülen, in dem Wasser 12–24 Stunden einweichen.

2. Rippchen abspülen und mit den Bohnen in dem Einweichwasser zum Kochen bringen. Die Bohnen in etwa 40 Minuten fast weich kochen. Rippchen herausnehmen.

3. Kartoffeln schälen, waschen, in Würfel schneiden. Suppengrün putzen, waschen, klein schneiden. Mit Bohnenkraut, Salz, Pfeffer und der Mettwurst in die Suppe geben, zum Kochen bringen und in etwa 25 Minuten gar kochen.

4. Mettwurst und das Fleisch von den Schweinerippchen klein schneiden, wieder in die Suppe geben, erhitzen. Die Suppe nochmals abschmecken und mit der Petersilie bestreuen.

GEMÜSECREMESUPPE

1. Zwiebeln abziehen und in Würfel schneiden. Butter oder Margarine zerlassen und Zwiebeln darin andünsten.

2. Brühe und Sahne hinzugießen und zum Kochen bringen. Gemüse in kleine Stücke schneiden, hineingeben, mit Salz, Pfeffer und Muskat würzen, zum Kochen bringen und 15–20 Minuten kochen lassen.

3. Die Suppe durch ein Sieb streichen oder im Mixer pürieren (evtl. etwas Porree und Staudensellerie zurücklassen), wieder erhitzen.

4. Eigelb mit Sherry verschlagen und die Suppe damit abziehen. Die Suppe nochmals abschmecken.

5. Porree und den Staudensellerie in die Suppe geben und auf Suppentassen verteilen. Auf jede Portion etwas Crème fraîche geben.

Tipp:
Wenn Kinder mitessen, den Sherry nicht verwenden.

DIE ZUTATEN:

2 MITTELGROSSE ZWIEBELN

40 g BUTTER ODER MARGARINE

500 ml (½ l) GEMÜSE-BRÜHE

250 ml (¼ l) SCHLAG-SAHNE

750 g VORBEREITETES GEMÜSE, Z.B. PORREE, MÖHREN, KOHLRABI, STAUDENSELLERIE

SALZ

FRISCH GEMAHLENER PFEFFER

GERIEBENE MUSKATNUSS

2 EIGELB (GRÖSSE M)

4 EL SHERRY

1 BECHER (150 g) CRÈME FRAÎCHE

FÜR DIE MÖHRENCREME-
SUPPE:
1 SCHALOTTE
450 g MÖHREN
50 g KNOLLENSELLERIE
40 g BUTTER
600 ml GEMÜSEBRÜHE
SALZ, ZUCKER, PFEFFER
2 EL CRÈME FRAÎCHE

FÜR DIE KÄSEKLÖSSCHEN:
50 ml MILCH
20 g BUTTER
1 PRISE SALZ
FRISCH GERIEBENE
MUSKATNUSS
50 g WEIZENMEHL
1 EI (GRÖSSE M)
20 g FEIN GERASPELTER
GREYERZER
KERBELBLÄTTCHEN
30 g GEHACKTE HASEL-
NUSSKERNE

MÖHRENCREMESUPPE MIT KÄSEKLÖSSCHEN (FOTO)

1. Schalotte abziehen, in feine Würfel schneiden. Möhren und Sellerie putzen, schälen, waschen, in grobe Würfel zerteilen.

2. In einem Topf Butter erhitzen, zuerst die Schalotte, danach Sellerie und Möhren andünsten. Mit Gemüsebrühe auffüllen, aufkochen, abgedeckt bei mittlerer Hitze 15 Minuten köcheln lassen. Mit Salz, Zucker und Pfeffer würzen. Mit einem Schneidestab pürieren und mit Crème fraîche verfeinern.

3. Für die Klößchen Milch mit Butter, Salz und Muskat aufkochen. Weizenmehl auf einmal zugeben. Mit einem Holzlöffel unter ständigem Rühren zu einem Kloß abbrennen, bis sich die Masse vom Topfboden löst, in eine Schüssel geben. Ei mit dem Kloß verrühren und Greyerzer unterrühren.

4. In einem Topf Salzwasser aufkochen, Käseklößchen mit zwei kalt abgespülten Teelöffeln abstechen. Klößchen in etwa 3 Minuten gar ziehen lassen.

5. Möhrencremesuppe mit einigen Kerbelblättchen, den Käseklößchen und Haselnusskernen bestreut servieren.

Tipp:
Für die Käseklößchen kann auch
geriebener mittelalter Gouda verwendet werden.

1 BLUMENKOHL (750 g)
1 ZWIEBEL
20 g BUTTER
1 ½ l GEMÜSEBRÜHE
SALZ
FRISCH GEMAHLENER
PFEFFER
GERIEBENE MUSKATNUSS
150 g GRÜNE NUDELN
1 BUND PETERSILIE

BLUMENKOHLSUPPE „GRÜN-WEISS"

1. Blumenkohl von Blättern, schlechten Stellen und Strunk befreien. Den Blumenkohl putzen und in Röschen teilen.

2. Zwiebel abziehen, fein hacken, in der erhitzten Butter glasig dünsten.

3. Blumenkohl und Brühe zufügen, mit Salz, Pfeffer und Muskat würzen. Zugedeckt bei geringer Hitze etwa 15 Minuten garen. Die Hälfte der Suppe pürieren, die andere Hälfte dazugeben.

4. Die Nudeln getrennt in Salzwasser nach Packungsanleitung bissfest kochen, abschütten und in die Suppe geben. Die Suppe mit den Gewürzen abschmecken.

5. Petersilie abspülen, trockentupfen, die Blättchen von den Stängeln zupfen, hacken und vor dem Servieren über die Suppe streuen.

DIE ZUTATEN:

250 g GETROCKNETE, GRÜNE SCHÄLERBSEN

3 PETERSILIENSTÄNGEL

1 LORBEERBLATT

1 THYMIANZWEIG

1 EL GETROCKNETE MINZE

1 ¼ l WASSER

2 STANGEN STAUDEN-SELLERIE (100 g)

2 JUNGE MÖHREN

2 ZWIEBELN

50 g BUTTER

FRISCH GEMAHLENER PFEFFER

1 TL SALZ

ERBSENCREMESUPPE

1. Erbsen über Nacht in Wasser einweichen, abgießen.

2. Petersilienstängel abspülen, mit Lorbeerblatt und Thymian zusammenbinden, mit den eingeweichten Erbsen und Minze in das Wasser geben, die Erbsen in 45–60 Minuten weich kochen lassen.

3. Staudensellerie putzen, waschen, die harten Fäden von der Außenseite abziehen. Sellerie in Würfel schneiden. Möhren waschen, schälen, in dünne Scheiben schneiden. Zwiebeln abziehen, in Würfel schneiden.

4. 20 g Butter in einer Pfanne zerlassen, klein geschnittenes Gemüse darin 10 Minuten andünsten. Kräuterstrauß aus der Suppe nehmen, Gemüse zu den Erbsen geben, pürieren, evtl. durch ein Sieb streichen, mit der restlichen Butter verrühren, mit Pfeffer und Salz würzen.

Tipp:
Erbsencremesuppe schmeckt auch mit frischen Erbsen ausgezeichnet. Die Garzeit verkürzt sich dann auf 20 Minuten.

GEMÜSESUPPE MIT PESTO

1. Bohnen über Nacht in reichlich Wasser einweichen.

2. Tomaten kurze Zeit in kochendes Wasser legen (nicht kochen lassen), in kaltem Wasser abschrecken, enthäuten, halbieren, die Stängelansätze herausschneiden, Tomaten vierteln.

3. Zucchini waschen, die Enden abschneiden. Staudensellerie putzen, waschen, die harten Außenfäden abziehen. Beide Zutaten in Scheiben schneiden. Zwiebeln abziehen, vierteln. Grüne Bohnen evtl. abfädeln, waschen, in Stücke brechen.

4. Brühe zum Kochen bringen, weiße Bohnen hineingeben, bei mittlerer Hitze etwa 40 Minuten köcheln lassen. Zucchinischeiben, Sellerie, Zwiebeln und grüne Bohnen hinzufügen und etwa 15 Minuten garen.

5. Tomatenviertel 5 Minuten vor Garzeitende zugeben.

6. Für das Pesto Knoblauch abziehen. Basilikum abspülen, trockentupfen, die Blätter von den Stängeln zupfen, zusammen mit Knoblauch, Pinienkernen, Salz und Pfeffer in einen Mixer geben, zu einer Paste pürieren. Parmesan darunter arbeiten, Öl nach und nach hinzufügen und abschmecken.

7. Beim Essen je nach Geschmack 1–2 Teelöffel Pesto in die Suppe rühren.

DIE ZUTATEN:

250 g GETROCKNETE, WEISSE BOHNEN
2 FLEISCHTOMATEN
3 KLEINE, FESTE ZUCCHINI (400 g)
2 STANGEN STAUDEN-SELLERIE (100 g)
3 ZWIEBELN
250 g GRÜNE BOHNEN
1 ½ l GEMÜSEBRÜHE

FÜR DAS PESTO:
4 GROSSE KNOBLAUCH-ZEHEN
3 BUND BASILIKUM
15 g PINIENKERNE
SALZ
FRISCH GEMAHLENER PFEFFER
4 EL GERIEBENER PARMESAN
125 ml (⅛ l) OLIVENÖL

Tipp:
1 Kochbeutel (125 g) Langkornreis nach Packungsanleitung in Salzwasser garen und kurz vor dem Servieren der Suppe den Reis hinzugeben.

DIE ZUTATEN:

600 g MEHLIG KOCHENDE
KARTOFFELN
50 g KNOLLENSELLERIE
3 MÖHREN
100 g BUTTER
1 l FLEISCHBRÜHE
2 ZWIEBELN
1 LORBEERBLATT
1 NELKE
1 STANGE PORREE
(LAUCH)
125 ml (¹/₈ l) SCHLAG-
SAHNE ODER 3 EL
CRÈME FRAÎCHE
SALZ
FRISCH GEMAHLENER
PFEFFER
GEREBELTER MAJORAN
GERIEBENE MUSKATNUSS
200 g PFIFFERLINGE
2 EL GEHACKTE KRÄUTER,
Z.B. KERBEL, SCHNITT-
LAUCH, GLATTE PETERSILIE

ALTDEUTSCHE KARTOFFEL-SUPPE *(FOTO)*

1. Kartoffeln waschen, schälen, abspülen. Sellerie und Möhren putzen, schälen, waschen. Alle 3 Zutaten in Würfel schneiden.

2. 50 g Butter zerlassen, Sellerie- und Möhrenwürfel darin andünsten. Kartoffelwürfel und die Fleischbrühe dazugeben.

3. Zwiebeln abziehen. 1 Zwiebel mit Lorbeerblatt und Nelke spicken, in die Brühe geben und zugedeckt etwa 20 Minuten kochen.

4. Porree putzen, waschen, in Ringe schneiden und in der Suppe noch etwa 10 Minuten kochen lassen. Die gespickte Zwiebel entfernen.

5. Etwa ⅓ der Kartoffeln aus der Suppe schöpfen, pürieren, mit Sahne oder Crème fraîche verrühren und wieder in die Suppe geben. Suppe mit Salz, Pfeffer, Majoran und Muskat würzen.

6. Pfifferlinge putzen, mit Küchenpapier abreiben, evtl. abspülen und abtropfen lassen.

7. Restliche Zwiebel in feine Würfel schneiden. Restliche Butter zerlassen, Zwiebel darin andünsten.

8. Pilze dazugeben und etwa 5 Minuten dünsten, in die Suppe geben und mit den Kräutern bestreuen.

DIE ZUTATEN:

300 g CHAMPIGNONS
2 MITTELGROSSE
ZWIEBELN
20 g BUTTER ODER
MARGARINE
500 ml (½ l) GEFLÜGEL-
BRÜHE
1 ECKE SCHMELZKÄSE
(62,5 g)
SALZ
FRISCH GEMAHLENER
PFEFFER
3 EL WEISSWEIN
1 EL GEHACKTE PETERSILIE

CHAMPIGNONSUPPE *(3 PORTIONEN)*

1. Champignons putzen, waschen, in Scheiben schneiden. Zwiebeln abziehen, fein würfeln. Butter zerlassen, Pilze und Zwiebelwürfel darin andünsten. Brühe hinzugießen, zum Kochen bringen und in 5–8 Minuten gar kochen lassen.

2. Schmelzkäse unterrühren, Suppe mit Salz und Pfeffer abschmecken. Wein unterrühren und die Suppe mit Petersilie bestreut servieren.

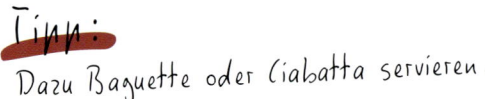

Tipp:
Dazu Baguette oder Ciabatta servieren.

DIE ZUTATEN:

100 g LANGKORNREIS
500 ml (½ l) KOCHENDES
SALZWASSER
2 ZWIEBELN (80 g)
1 KNOBLAUCHZEHE
1 EL OLIVENÖL
2 PCK. PASSIERTE
TOMATEN (JE 500 g)
250 ml (¼ l) GEMÜSE-
BRÜHE
1 TL GEREBELTER OREGANO
70 g TOMATENMARK
SALZ
FRISCH GEMAHLENER
PFEFFER
PAPRIKA EDELSÜSS
CAYENNEPFEFFER
2 EL GEHACKTE PETERSILIE

TOMATENSUPPE MIT REIS

1. Den Reis in das kochende Salzwasser geben, zum Kochen bringen und in etwa 15 Minuten ausquellen lassen, auf ein Sieb geben, kalt abspülen.

2. Zwiebeln und Knoblauchzehe abziehen, würfeln und in dem erhitzten Öl andünsten.

3. Die passierten Tomaten, Gemüsebrühe und den Oregano hinzufügen, zum Kochen bringen und etwa 10 Minuten kochen lassen.

4. Das Tomatenmark unterrühren, mit Salz, Pfeffer, Paprika und Cayennepfeffer abschmecken. Den gegarten Reis hinzufügen, die Suppe erhitzen und mit der Petersilie bestreuen.

Tipp:
Hackfleischklößchen in
die Suppe geben und
10 Minuten mitgaren.

DIE ZUTATEN:

4 SCHEIBEN WEISSBROT
(VOM TAG ZUVOR)
ETWAS KALTES WASSER
750 g REIFE, SAFTIGE
TOMATEN
150 g GRÜNE PAPRIKA-
SCHOTE
1 KLEINE SALATGURKE
(500 g)
2 SCHALOTTEN ODER
$1/2$ GEMÜSEZWIEBEL
100 ml OLIVENÖL
3 EL WEINESSIG
375 g ($3/8$ l) ENTFETTETE
HÜHNER- ODER GEMÜSE-
BRÜHE
SALZ
FRISCH GEMAHLENER
PFEFFER
EVTL. EINIGE EISWÜRFEL

GAZPACHO AUS TOMATEN

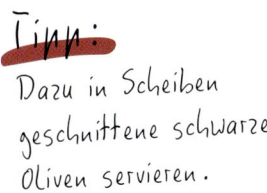

Tipp:
Dazu in Scheiben
geschnittene schwarze
Oliven servieren.

1. Eine Scheibe Brot fein würfeln, die anderen in Wasser einweichen.

2. Inzwischen die gewaschenen, gehäuteten und von Stängelansätzen befreiten Tomaten, die gewaschene, entkernte und von den weißen Scheidewänden befreite Paprikaschote, die geschälte Gurke und die abgezogenen Schalotten oder Gemüsezwiebel fein würfeln.

3. Von der Tomate, Paprika und Gurke jeweils 2 Esslöffel beiseite stellen, das übrige Gemüse in eine Schüssel geben.

4. Öl, Essig und eingeweichtes Brot in einem Mixer oder mit dem Pürierstab pürieren. Dann das übrige Gemüse und die Brühe zufügen und so lange pürieren, bis die Suppe sämig ist.

5. Mit Salz und Pfeffer pikant abschmecken. Dann mindestens 1 Stunde kalt stellen. Vor dem Servieren, je nach Geschmack, einige Eiswürfel in die Suppe geben.

6. Die übrigen Gemüse- und Brotwürfel in kleinen Schalen extra dazu servieren.

600 g ZUCCHINI
200 g FEST KOCHENDE
KARTOFFELN
1 MITTELGROSSE ZWIEBEL
2 EL SPEISEÖL
CURRYPULVER
SALZ
FRISCH GEMAHLENER
PFEFFER
750 ml (¾ l) GEMÜSE-
BRÜHE
2 EL PINIENKERNE
1 BUND DILL
4–6 TL CRÈME FRAÎCHE

ZUCCHINI-KARTOFFEL-SUPPE *(FOTO)*

1. Zucchini waschen, abtrocknen, die Enden abschneiden. Die grüne Schale von einer Zucchini abraspeln und beiseite stellen, alle Zucchini in grobe Würfel schneiden. Kartoffeln waschen, schälen, abspülen und in Würfel schneiden. Zwiebel abziehen und würfeln.

2. Öl in einem Topf erhitzen und die Zucchini-, Kartoffel- und Zwiebelwürfel darin andünsten. Dann mit Curry, Salz und Pfeffer bestreuen, mit Brühe auffüllen und 15–20 Minuten kochen lassen.

3. Pinienkerne in einer Pfanne ohne Fett etwas anbräunen und abkühlen lassen. Dill abspülen, trockentupfen und klein schneiden.

4. Die Suppe pürieren, Zucchiniraspel (nach Belieben einige zum Garnieren zurücklassen) und Dill unterrühren und mit den Gewürzen abschmecken.

5. Die Suppe auf Tellern verteilen, je einen Teelöffel Crème fraîche auf jeden Teller geben und die Suppe mit Pinienkernen und den zurückgelassenen Zucchiniraspeln bestreuen.

FÜR DIE SELLERIECREME-
SUPPE:
1 KNOLLENSELLERIE
(ETWA 450 g)
250 g PORREE (LAUCH)
3 EL WALNUSSÖL
750 ml (¾ l) GEMÜSE-
BRÜHE, SALZ, PFEFFER
1 TL GEHACKTER
ESTRAGON
125 ml (⅛ l) SCHLAG-
SAHNE, ZUCKER
2 EL ZITRONENSAFT
1 EL WORCESTERSAUCE

FÜR DIE KNOBLAUCH-
CROÛTONS:
4 SCHEIBEN TOASTBROT
2 KNOBLAUCHZEHEN
4 EL WALNUSSÖL
1 KÄSTCHEN KRESSE

SELLERIECREMESUPPE MIT KNOBLAUCHCROÛTONS

1. Für die Suppe Sellerie großzügig schälen, waschen und in grobe Würfel schneiden. Porree putzen, waschen und in Ringe schneiden.

2. Öl erhitzen. Sellerie und Porree darin andünsten. Mit Brühe aufgießen, zugedeckt in etwa 35 Minuten gar kochen, mit Salz, Pfeffer und Estragon würzen.

3. Das weiche Gemüse mit Brühe und Sahne pürieren. Suppe aufkochen lassen, mit Salz, Pfeffer, Zucker, Zitronensaft und Worcestersauce abschmecken.

4. Für die Knoblauchcroûtons Toastbrot klein würfeln. Knoblauchzehen abziehen, zerdrücken und dazugeben. Die beiden Zutaten in Öl knusprig braun braten.

5. Kresse abspülen und zusammen mit den Knoblauchcroûtons in die Suppe geben.

Tipp:
Statt knoblauchcroûtons die Suppe mit fein geschnittenem Schnittlauch bestreuen.

DIE ZUTATEN:

2 KNOBLAUCHZEHEN
1 ZWIEBEL
40 g BUTTER
450 ml GEMÜSEBRÜHE
250 g JOGHURT
1 EI (GRÖSSE M)
1 EL SPEISESTÄRKE
400 g ZUCCHINI
200 g SCHAFSKÄSE
1 BUND SCHNITTLAUCH
SALZ
FRISCH GEMAHLENER
PFEFFER
FRISCH GERIEBENE
MUSKATNUSS

GRIECHISCHE ZUCCHINISUPPE

1. Knoblauch und Zwiebel abziehen, fein hacken. In Butter andünsten, vom Herd nehmen.

2. Gemüsebrühe, Joghurt, Ei und Stärke dazugeben, unter ständigem Rühren mit einem Schneebesen aufkochen lassen.

3. Zucchini waschen, Stielansatz abschneiden, in feine Würfel schneiden, zur Suppe geben. 5 Minuten köcheln lassen.

4. Schafskäse in Würfel schneiden. Schittlauch abspülen, trockentupfen, fein schneiden, beides kurz in der Suppe erhitzen.

5. Suppe mit Salz, Pfeffer und Muskat abschmecken und heiß servieren.

Beigabe: Warmes Fladenbrot.

Tipp:
Die Suppe statt mit Schafskäse mit kleinen Mettklößchen servieren. Die Mettklößchen vor dem Zugeben 5 Minuten in Salzwasser garen.

GRÜNKERNSUPPE

1. Zwiebel abziehen, fein würfeln. Butter zerlassen, Zwiebelwürfel glasig dünsten lassen.

2. Grünkernmehl hinzufügen, unter Rühren kurze Zeit andünsten, Brühe hinzugießen, mit einem Schneebesen durchschlagen, darauf achten, dass keine Klümpchen entstehen, zum Kochen bringen, etwa 10 Minuten kochen lassen.

3. Sahne hinzugießen, mit Salz, Pfeffer und Muskat abschmecken, Kräuter unterrühren.

DIE ZUTATEN:

1 MITTELGROSSE ZWIEBEL
40 g BUTTER
100 g GRÜNKERNMEHL
1 l GEMÜSEBRÜHE
125 ml (⅛ l) SCHLAG-SAHNE
SALZ
FRISCH GEMAHLENER PFEFFER
GERIEBENE MUSKATNUSS
2 EL GEHACKTE KRÄUTER

Tipp:
Nach Belieben geröstete Vollkorntoastwürfel vor dem Servieren in die Suppe geben.

1,2 kg BEINSCHEIBE
ODER HOHE RIPPE
2 ½ l WASSER
2 GESTR. TL SALZ
1 GESTR. TL SELLERIE-
SALZ
1 ½ kg MEHLIG KOCHENDE
KARTOFFELN
60 g BUTTER
4 ROHE, GROBE BRAT-
WÜRSTE
SALZ
FRISCH GEMAHLENER
PFEFFER
½ TASSE KLEIN
GESCHNITTENE, FRISCHE
KERBELBLÄTTER ODER
1 TL GEREBELTER KERBEL
100 ml SCHLAGSAHNE

KAISER-WILHELM-KARTOFFELSUPPE *(FOTO)*

1. Beinscheibe unter fließendem kalten Wasser abspülen, in einem Topf mit Wasser, Salz und Selleriesalz zum Kochen bringen und etwa 60 Minuten gar ziehen lassen.

2. Kartoffeln schälen, waschen und in kleine Würfel schneiden. Die Hälfte der Butter zerlassen und die Hälfte der Kartoffelwürfel darin unter Wenden etwa 10 Minuten rösten, dann beiseite stellen und die restlichen Kartoffeln in der restlichen Butter ebenso rösten.

3. Das Fleisch aus der Brühe nehmen und etwas abkühlen lasssen. Dann in kleine Würfel schneiden.

4. Die Kartoffelwürfel in die Brühe geben. Das Ganze etwa 15 Minuten kochen lassen.

5. Die Bratwurstmasse klößchenweise aus der Haut drücken, in die Suppe geben und etwa 5 Minuten erhitzen. Die Fleischwürfel hinzufügen. Die Suppe mit Salz und Pfeffer abschmecken.

6. Zum Schluss Kerbelblättchen dazugeben und sofort heiß servieren. Die Sahne steif schlagen. Auf jede Portion einen Klecks steif geschlagene Sahne geben.

Beigabe: Bauernbrötchen.

500 g ZWIEBELN
50 g BUTTER
750 ml (¾ l) FLEISCH-
ODER GEMÜSEBRÜHE
SALZ
FRISCH GEMAHLENER
PFEFFER
125 ml (⅛ l) WEISSWEIN
2 SCHEIBEN WEISSBROT,
IN WÜRFEL GESCHNITTEN
30 g BUTTER
50 g GERIEBENER
PARMESAN

FRANZÖSISCHE ZWIEBEL-SUPPE

1. Zwiebeln abziehen, in Scheiben schneiden, Butter zerlassen und die Zwiebelscheiben darin andünsten.

2. Brühe hinzugießen und die Zwiebeln etwa 20 Minuten garen. Die Suppe mit Salz und Pfeffer abschmecken, Wein hinzufügen und aufkochen.

3. Die Suppe in feuerfeste Tassen füllen, in Butter gebräunte Weißbrotwürfel darauf geben, mit Parmesan bestreut unter dem vorgeheizten Grill überbacken.

Abwandlung: Vier Scheiben Baguette toasten, auf die Suppe legen, mit Parmesan bestreuen.

DIE ZUTATEN:

1 BUND SUPPENGRÜN
40 g BUTTER ODER
MARGARINE
1 l GEMÜSEBRÜHE
1–2 EL SPEISESTÄRKE
2–3 EL WASSER
1 BECHER (150 g)
CRÈME FRAÎCHE
100 g KERBEL
½ BUND PETERSILIE
SALZ
FRISCH GEMAHLENER
PFEFFER
100 g GERÖSTETE WEISS-
BROTWÜRFEL

KERBEL-KRÄUTER-SUPPE

1. Suppengrün putzen, waschen, in feine Streifen schneiden. Butter oder Margarine zerlassen, Suppengrün darin leicht andünsten. Brühe hinzufügen, zum Kochen bringen, etwa 10 Minuten bei schwacher Hitze kochen lassen.

2. Speisestärke mit Wasser anrühren und die Brühe damit binden. Crème fraîche unterrühren.

3. Kerbel und Petersilie waschen, trockentupfen, fein hacken und hinzufügen. Die Suppe mit Salz und Pfeffer würzen und mit gerösteten Weißbrotwürfeln anrichten.

Tipp:
Kerbel hat zarte, weiche Blätter, die Ähnlichkeit mit Petersilienblättern haben. Kerbel eignet sich frisch zum Würzen von Salaten, Suppen, Fisch, Grillgerichten, Omeletts und Rührei.

GEMÜSE-NUDEL-SUPPE

1. Gemüse putzen, abspülen, abtropfen lassen. Möhren, Zucchini und Sellerie in feine Streifen schneiden.

2. Gemüse in zerlassener Butter andünsten. Brühe zugießen und aufkochen lassen.

3. Nudeln einrühren, etwa 8 Minuten kochen lassen. Suppe mit Pfeffer und Muskat abschmecken.

4. Basilikum abspülen, trockentupfen, fein hacken, zugeben.

DIE ZUTATEN:

120 g MÖHREN
100 g ZUCCHINI
100 g STAUDENSELLERIE
40 g BUTTER
750 ml (³/₄ l) GEMÜSE-BRÜHE
50 g MUSCHELNUDELN
FRISCH GEMAHLENER PFEFFER
GERIEBENE MUSKATNUSS
3–4 STIELE BASILIKUM

Tipp:

Es kann auch anderes Gemüse - je nach Saison
z. B. Spargel, Blumenkohl oder Kohlrabi - für die
Suppe verwendet werden. Sehr gut schmeckt die
Gemüse-Nudel-Suppe auch mit Hühnerbrühe.

KLARE SUPPEN

HÜHNERSUPPE,
REZEPT SEITE 44

DIE ZUTATEN:

1 KÜCHENFERTIGES
SUPPENHUHN (1 kg)
1 ½ l SALZWASSER
1 BUND SUPPENGRÜN
1 MITTELGROSSE ZWIEBEL
SALZ
100 g ZUCKERSCHOTEN
200 g MÖHREN
2 EL FEIN GESCHNITTENE
GLATTE PETERSILIE

DIE ZUTATEN:

2 MITTELGROSSE
ZWIEBELN
3 KNOBLAUCHZEHEN
3 EL OLIVENÖL
1 kg TOMATEN
1 DOSE (ETWA 800 ml)
GESCHÄLTE TOMATEN
250 ml (¼ l) TOMATEN-
SAFT, SALZ, PFEFFER
4 EIWEISS (GRÖSSE M)
2 MITTELGROSSE TOMATEN
1 KLEINER TOPF
BASILIKUM

FÜR DIE POLENTARAUTEN:
300 ml GEMÜSEBRÜHE
50 ml MILCH
100 g MAISGRIESS
SALZ, PFEFFER
1 BUND SCHNITTLAUCH
30 g FRISCH GERIEBENER
PARMESAN
40 g BUTTER

HÜHNERSUPPE *(FOTO SEITE 42/43)*

1. Das Suppenhuhn unter fließendem kalten Wasser abspülen, mit Herz, aufgeschnittenem, gesäuberten Magen und Hals in kochendes Salzwasser geben, fast zum Kochen bringen, abschäumen.

2. Das Suppengrün putzen, abspülen, klein schneiden, in die Brühe geben. Die Zwiebel abziehen, in die Brühe geben, das Huhn etwa 1 ½ Stunden bei schwacher Hitze gar kochen lassen.

3. Die Brühe durch ein Sieb gießen, mit Salz abschmecken. Das Fleisch von den Knochen lösen, die Haut entfernen. Das Fleisch in Stücke schneiden.

4. Von den Zuckerschoten die Enden abschneiden, abspülen. Die Möhren putzen, schälen, waschen, in feine Streifen schneiden. Das Gemüse in die Suppe geben, 3–5 Minuten garen, das Hühnerfleisch zugeben, erhitzen und nochmals abschmecken.

5. Die Suppe mit der Petersilie bestreuen.

KLARE TOMATENSUPPE MIT POLENTARAUTEN *(FOTO)*

1. Zwiebeln und Knoblauchzehen abziehen, fein hacken. Öl erhitzen, die Würfel darin andünsten.

2. Tomaten waschen, vierteln, die Stängelansätze herausschneiden, Tomaten in kleine Würfel schneiden. Zusammen mit geschälten Tomaten und Tomatensaft dazugeben, aufkochen lassen, mit Salz und Pfeffer würzen, etwa 30 Minuten schwach köcheln lassen, dann abkühlen lassen.

3. Eiweiß in die kalte Suppe geben, gut durchrühren, unter ständigem Rühren aufkochen lassen. Die Hitze reduzieren und die Suppe 2 Minuten ohne Rühren kochen lassen. Einen Durchschlag mit einem groben Leinentuch auslegen, in einen Topf hängen, die Tomatensuppe durch das Tuch geben.

4. Die Tomaten kurze Zeit in kochendes Wasser legen (nicht kochen lassen), in kaltem Wasser abschrecken, enthäuten, die Stängelansätze herausschneiden, die Tomaten vierteln, entkernen, der Länge nach in Streifen schneiden. Von dem Basilikum die Blätter abzupfen, abspülen, abtropfen lassen.

5. Für die Polentarauten Brühe mit Milch aufkochen, Grieß einstreuen, etwa 8 Minuten garen lassen, mit Salz und Pfeffer würzen. Schnittlauch abspülen, fein schneiden, zusammen mit dem Parmesan unterrühren. Masse etwa 1 cm dick auf eine geölte Platte streichen, erkalten lassen und in Rauten schneiden. Butter zerlassen, die Rauten darin goldbraun braten.

6. Die Suppe erhitzen, die Polentarauten in die Suppe geben. Die Suppe mit Tomatenstreifen und Basilikumblättchen als Einlage servieren.

DIE ZUTATEN:

2½–3 l WASSER
2 kg RINDERKNOCHEN
½ GEBRÄUNTE ZWIEBEL
2 NELKEN
5 PFEFFERKÖRNER
1 MÖHRE
½ STANGE PORREE
(LAUCH)
¼ SELLERIEKNOLLE
1 PETERSILIENWURZEL
1 KLEINE KNOBLAUCHZEHE
1 LORBEERBLATT

ZUM KLÄREN:
300 g RINDFLEISCH
(RINDERHESSE)
1 KLEINE MÖHRE
1 PETERSILIENWURZEL
⅛ SELLERIEKNOLLE
¼ STANGE PORREE
(LAUCH)
3 EIWEISS (GRÖSSE M)
10 EISWÜRFEL
1 NELKE
1 LORBEERBLATT
2 PIMENTKÖRNER
3 PFEFFERKÖRNER
1 THYMIANZWEIG
SALZ
FRISCH GEMAHLENER
PFEFFER
GERIEBENE MUSKATNUSS

1 GROSSE MÖHRE
¼ KNOLLENSELLERIE
1 BUND SCHNITTLAUCH

RINDFLEISCHBRÜHE *(FOTO)*

1. Wasser zum Kochen bringen, Rinderknochen zugeben, einmal aufkochen lassen. Die Knochen auf ein Sieb gießen und gründlich mit kaltem Wasser abspülen. Die Knochen zurück in den sauberen Topf geben, mit kaltem Wasser völlig bedecken, mit gebräunter Zwiebel, Nelken und Pfefferkörnern langsam zum Kochen bringen. Den aufsteigenden Schaum immer wieder abschöpfen. Etwa 1 Stunde köcheln lassen.

2. Das gewaschene, geputzte Suppengrün, abgezogene Knoblauchzehe und Lorbeerblatt zugeben. Nach etwa 1 Stunde die Brühe vorsichtig durch ein Tuch gießen und völlig erkalten lassen.

3. Zum Klären der Brühe das Rindfleisch unter fließendem kalten Wasser abspülen. Möhre, Petersilienwurzel, Sellerieknolle und Porree putzen, waschen. Fleisch und Gemüse durch die grobe Scheibe des Fleischwolfs drehen. Danach Eiweiß, Eiswürfel, Nelke, Lorbeerblatt, Pimentkörner, Pfefferkörner, abgespülten Thymianzweig zugeben und alles vermengen.

4. Die durchgedrehte Masse in einen Topf geben, mit der kalten Rinderbrühe aufgießen und vorsichtig verrühren. Die Suppe langsam aufkochen lassen, dabei öfters umrühren, da sie leicht anbrennen kann.

5. Die Suppe zum Kochen bringen, dann am Herdrand langsam ziehen lassen. Die Suppe durch ein Tuch gießen und etwas einkochen lassen. Die Brühe mit Salz, Pfeffer und Muskatnuss abschmecken.

6. Möhre und Sellerie putzen, schälen, waschen und sehr fein würfeln. Schnittlauch in Röllchen schneiden. Gemüsewürfel 3 Minuten blanchieren, zusammen mit dem Schnittlauch kurz vor dem Servieren in die Suppe geben.

Tipp:
Je nach Belieben können weitere Suppeneinlagen wie z.B. Backerbsen, Eierstich oder Fleischklößchen hinzugegeben werden.

DIE ZUTATEN:

1 kg OCHSENSCHWANZ
(IN STÜCKE GEHACKT)
1 MITTELGROSSE ZWIEBEL
1 BUND SUPPENGRÜN
40 g BUTTER
40 g SCHINKENSPECK-
WÜRFEL
1 l HEISSES WASSER
4 PFEFFERKÖRNER
2 PIMENTKÖRNER
(NELKENPFEFFER)
1 GEWÜRZNELKE
1 KLEINES LORBEERBLATT
SALZ
FRISCH GEMAHLENER
PFEFFER
1–2 EL ZITRONENSAFT
ROTWEIN
ZUCKER

KLARE OCHSENSCHWANZ- SUPPE

1. Ochsenschwanz unter fließendem kalten Wasser abspülen, trockentupfen. Zwiebel abziehen, in Scheiben schneiden, Suppengrün putzen, waschen und klein schneiden.

2. Butter erhitzen, den Ochsenschwanz mit den Schinkenspeckwürfeln gut darin bräunen, Zwiebel und Suppengrün hinzufügen, kurz miterhitzen.

3. Wasser und Gewürze dazugeben, zum Kochen bringen, in etwa 2 Stunden gar kochen lassen.

4. Das Fleisch aus der Brühe nehmen, die Brühe durch ein Sieb gießen, entfetten, dann durch ein Tuch geben. Das Fleisch von den Knochen lösen, klein schneiden, wieder in die Brühe geben. Mit Salz, Pfeffer, Zitronensaft, Rotwein und Zucker abschmecken.

Tipp:

Ochsenschwanz mit Zwiebel und Suppengrün in einer Fettfangschale im Back- ofen anbraten (Ober-/ Unterhitze: 200–220 °C, Heißluft: 180–200 °C, Gas: Stufe 3–4, etwa 1 Stunde), zwischendurch Wasser hinzugießen. Anschließend den gebräunten Ochsenschwanz mit den Gewürzen in einem Kochtopf zum Kochen bringen. Weiter- verarbeiten wie oben beschrieben.

Pilzklösschensuppe

1. Pilze putzen, mit Küchenpapier abreiben, evtl. abspülen und gut abtropfen lassen. 1 Esslöffel Butter zerlassen, die Pilze darin etwa 5 Minuten gar dünsten lassen und fein hacken.

2. Restliche Butter geschmeidig rühren, die gehackten Pilze, Ei, Salz, Speisestärke und so viel Semmelbrösel hinzufügen, dass eine geschmeidige Masse entsteht, ½ Stunde quellen lassen.

3. Aus der Masse mit nassen Händen Klößchen formen, in die Brühe geben und in 6–7 Minuten gar ziehen lassen.

DIE ZUTATEN:

100 g PILZE, Z.B.
CHAMPIGNONS ODER
PFIFFERLINGE
3 EL BUTTER
1 EI (GRÖSSE M)
SALZ
1 EL SPEISESTÄRKE
40 g SEMMELBRÖSEL
750 ml (¾ l) KOCHENDE
GEMÜSEBRÜHE

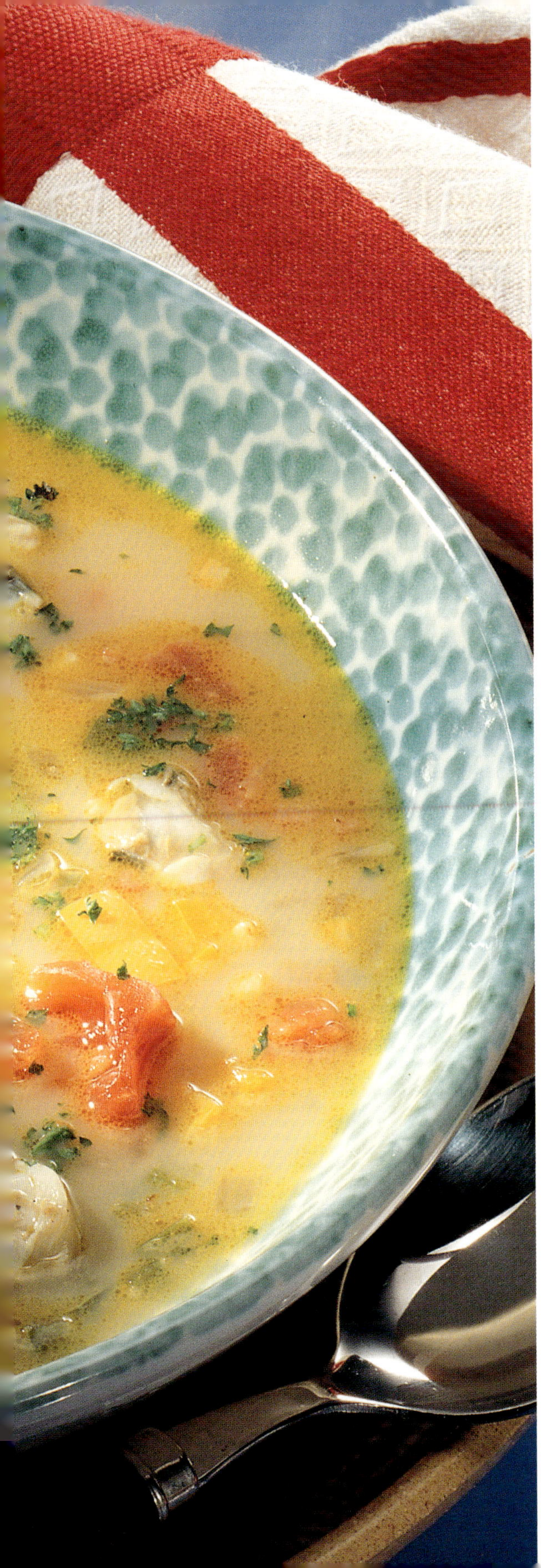

Fleisch-, Fisch- und Geflügelsuppen

Fleisch-, Fisch- und Geflügelsuppen

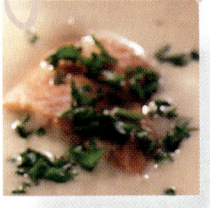

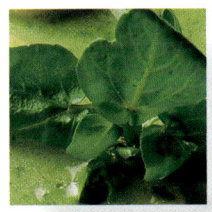

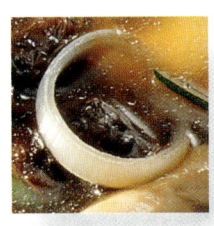

*Clam-Chowder –
Amerikanische Muschelsuppe,
Rezept Seite 52*

DIE ZUTATEN:

1 kg VENUSMUSCHELN
600 ml FISCHFOND
200 ml WEISSWEIN
2 EL FRÜHSTÜCKSSPECK-
WÜRFEL
40 g BUTTER
2 EL GRÜNE PAPRIKA-
WÜRFEL
2 EL GELBE PAPRIKA-
WÜRFEL
2 EL ZWIEBELWÜRFEL
4 EL KARTOFFELWÜRFEL
200 ml MILCH
SALZ
FRISCH GEMAHLENER
PFEFFER
GERIEBENE MUSKATNUSS
2 EL GEHACKTE
PETERSILIE
2 EL TOMATENWÜRFEL

CLAM-CHOWDER — AMERIKANISCHE
MUSCHELSUPPE (FOTO SEITE 50/51 – 6 PORTIONEN)

1. Muscheln unter fließendem kalten Wasser gründlich sauber bürsten. Muscheln, die sich beim Waschen öffnen, sind nicht genießbar.

2. Fischfond mit Weißwein zum Kochen bringen und die Muscheln darin etwa 15 Minuten kochen.

3. Muscheln auf ein Sieb gießen, den Fond dabei in einer Schüssel auffangen.

4. Muschelfleisch aus den Schalen nehmen und aufbewahren. Muscheln, die sich nach dem Garen nicht öffnen, sind ungenießbar.

5. Speck in Butter auslassen, Paprika-, Zwiebel- und Kartoffelwürfel darin an-dünsten, mit dem aufgefangenen Muschelfond und der Milch 15 Minuten kochen.

6. Mit Salz, Pfeffer und Muskat würzen.

7. Petersilie, Muschelfleisch und Tomatenwürfel in die Suppe geben und erhitzen.

DIE ZUTATEN:

50 g BUTTER
25 g WEIZENMEHL
500 ml (½ l) HÜHNER-
ODER GEMÜSEBRÜHE
300 g GERÄUCHERTE
FORELLENFILETS
200 ml SCHLAGSAHNE
4 EL WEISSWEIN
1 EL WORCESTERSAUCE
SALZ
FRISCH GEMAHLENER
PFEFFER
ZITRONENSAFT
ETWAS GEHACKTE PETER-
SILIE

FORELLENCREMESUPPE (FOTO)

1. Butter in einem Topf zerlassen. Mehl unter Rühren so lange darin erhitzen, bis es hellgelb ist. Brühe hinzugießen und mit einem Schneebesen durchschlagen, dabei darauf achten, dass keine Klümpchen entstehen. Zum Kochen bringen und etwa 3 Minuten kochen lassen.

2. Forellenfilets in kleine Stücke schneiden und in die Suppe geben. Sahne, Weißwein und Worcestersauce hinzufügen. Die Suppe mit Salz, Pfeffer und Zitronensaft abschmecken.

3. Die Suppe einmal aufkochen lassen und mit Petersilie bestreut servieren.

Tipp:
Dazu einen trockenen Weißwein
und Baguette servieren.

DIE ZUTATEN:

350 g GEMÜSEZWIEBELN
1–2 KNOBLAUCHZEHEN
2 EL OLIVENÖL
350 g ENTHÄUTETE
TOMATEN
1 TL GEREBELTER
OREGANO
1 LORBEERBLATT
SALZ
FRISCH GEMAHLENER
PFEFFER
500–600 g KARTOFFELN
1 l WASSER ODER
GEMÜSEBRÜHE
800 g KABELJAUFILET
ODER SEEAAL
1 BUND GEHACKTE,
GLATTE PETERSILIE

CHILENISCHE FISCHSUPPE

1. Gemüsezwiebeln und Knoblauch abziehen. Gemüsezwiebeln vierteln, in Scheiben schneiden, Knoblauch fein würfeln. Öl erhitzen, Zwiebeln und Knoblauch glasig dünsten. Die gewürfelten Tomaten zugeben, mit Oregano, Lorbeerblatt, Salz und Pfeffer würzen, kurz durchdünsten.

2. Die Kartoffeln schälen, abspülen, in Stifte schneiden, mit dem Wasser oder der Brühe zugeben, 15–20 Minuten garen.

3. Den Fisch unter fließendem kalten Wasser abspülen, trockentupfen, in 4 Portionen schneiden, in die Suppe legen, in etwa 10 Minuten gar ziehen lassen, mit Petersilie bestreut servieren.

Beigabe: Brot.

Tipp:
Anstatt der Tomaten kann auch ein Bund Suppengrün genutzt, gewaschen, in Würfel oder Streifen geschnitten zugegeben werden.

KRESSESUPPE MIT FORELLENKLÖSSCHEN

1. Für die Kressesuppe von der Brunnenkresse die gelben Blätter und die dickeren Stiele entfernen, abspülen, abtropfen lassen und mit etwas Hühnerbrühe pürieren (einige Blättchen zum Garnieren zurücklassen).

2. Die restliche Hühnerbrühe zum Kochen bringen und von der Kochstelle nehmen. Sahne mit Eigelb und Crème fraîche verrühren, in die Brühe rühren und erhitzen, bis die Suppe dickflüssig wird, nicht mehr kochen lassen. Die pürierte Brunnenkresse unterrühren und miterhitzen. Die Suppe mit Salz, Pfeffer und Zucker abschmecken.

3. Für die Fischklößchen Forelle unter fließendem kalten Wasser abspülen, trockentupfen und filetieren. Die Filets grob zerkleinern, mit Ei, Crème fraîche, Salz, Pfeffer und Muskatnuss pürieren. Von der Masse mit einem Teelöffel Klößchen abstechen, in Salzwasser geben, zum Kochen bringen und etwa 10 Minuten ziehen lassen (Wasser darf sich nur leicht bewegen).

4. Die Kressesuppe auf vorgewärmte Teller verteilen, die Forellenklößchen hineingeben und mit den zurückbehaltenen Kresseblättern bestreuen.

DIE ZUTATEN:

FÜR DIE KRESSESUPPE:
2 BUND BRUNNENKRESSE
(ETWA 300 g)
750 ml (¾ l) KRÄFTIGE
HÜHNERBRÜHE
125 ml (⅛ l) SCHLAG-
SAHNE
3 EIGELB (GRÖSSE M)
3 EL CRÈME FRAÎCHE
SALZ
FRISCH GEMAHLENER
PFEFFER
ZUCKER

FÜR DIE FISCHKLÖSSCHEN:
1 KÜCHENFERTIGE
FORELLE (ETWA 250 g)
1 EI (GRÖSSE M)
3 EL CRÈME FRAÎCHE
SALZ
FRISCH GEMAHLENER
PFEFFER
GERIEBENE MUSKATNUSS

Tipp:
Die Suppe mit etwas
Zitronensaft oder
Weißwein abschmecken.

100 g FENCHELKNOLLE
100 g MÖHREN
50 g PORREE (LAUCH)
2 KNOBLAUCHZEHEN
2 EL SPEISEÖL
1 l FISCHBRÜHE
500 g FISCHFILET
SALZ
FRISCH GEMAHLENER
PFEFFER
ETWAS CAYENNEPFEFFER
100 g SHRIMPS

FEINE FISCHSUPPE *(FOTO)*

1. Fenchel, Möhren und Porree putzen. Möhren schälen, die drei Zutaten waschen, in feine Streifen schneiden. Knoblauch abziehen, fein hacken.

2. Öl erhitzen, Knoblauch und Gemüsestreifen darin kurz andünsten. Fischbrühe dazugeben, das Gemüse etwa 5 Minuten garen lassen.

3. Fischfilet unter fließendem kalten Wasser abspülen, trockentupfen, evtl. von Gräten befreien, in Würfel schneiden, in die Brühe geben und bei schwacher Hitze 10 Minuten gar ziehen lassen. Suppe mit Salz, Pfeffer und Cayennepfeffer würzen.

4. Shrimps unter fließendem kalten Wasser abspülen, in die Suppe geben, kurz erhitzen.

Beilage: Frisches Stangenweißbrot.

MITTERNACHTSSUPPE

(8 PORTIONEN)

1. Fleisch unter fließendem kalten Wasser abspülen, trockentupfen und in Würfel schneiden. Schmalz erhitzen, das Fleisch von allen Seiten gut darin anbraten.

250 g RINDFLEISCH
250 g SCHWEINEFLEISCH
50 g SCHWEINESCHMALZ
250 g ZWIEBELN
SALZ
FRISCH GEMAHLENER
PFEFFER
1 PRISE ZUCKER
PAPRIKA EXTRA SCHARF
TABASCO
CHILISAUCE
MADEIRA
1 l FLEISCHBRÜHE
1 STANGE PORREE
(LAUCH)
1 ROTE PAPRIKASCHOTE
125 g KNOLLENSELLERIE
2 MÖHREN
425 g ROTE BOHNEN-
KERNE (AUS DER DOSE)
425 g WEISSE BOHNEN-
KERNE (AUS DER DOSE)
CAYENNEPFEFFER

2. Zwiebeln abziehen, halbieren, zu dem Fleisch geben, kurze Zeit mitschmoren lassen, mit Salz, Pfeffer, Zucker, Paprika, Tabasco, Chilisauce und Madeira würzen, Fleischbrühe hinzugießen und etwa 25 Minuten kochen lassen.

3. Porree putzen, waschen, in schmale Ringe schneiden und evtl. nochmals waschen. Paprika putzen, waschen. Sellerie putzen, schälen und waschen. Möhren putzen, schälen und waschen. Die 3 Zutaten in Streifen schneiden.

4. Das Gemüse nach etwa 20 Minuten Kochzeit in die Suppe geben und gar kochen lassen. 5 Minuten vor Beendigung der Kochzeit Bohnenkerne mit der Flüssigkeit hinzufügen und kurz miterhitzen.

5. Die Suppe mit Salz, Pfeffer, Zucker, Tabasco, Chilisauce und Cayennepfeffer abschmecken.

Beigabe: Kräftiges Bauernbrot.

Tipp:
Die Suppe kann auch mit 500 g gehacktes (halb Rind-, halb Schweinefleisch) zubereitet werden. Dafür das gehackte in dem Schmalz unter Rühren krümelig braten. Die Garzeit verkürzt sich dann um etwa 20 Minuten.

DIE ZUTATEN:

250 g ROTBARBE
250 g PETERSFISCH
200 g SARDINEN
1 ZWIEBEL
200 g KREVETTEN ODER
GAMBAS MIT SCHALE
2 LORBEERBLÄTTER
1 FENCHELKNOLLE
1 STANGE PORREE
(LAUCH)
2 FLEISCHTOMATEN
4 SCHALOTTEN
2 KNOBLAUCHZEHEN
2–3 EL OLIVENÖL
40 ml TROCKENER
WERMUT
40 ml PERNOD
SALZ
FRISCH GEMAHLENER
PFEFFER

Tipp:
Möglichst kleine Fische
verwenden, die durch
ihren hohen Anteil an
Haut und Gräten mehr
Geschmack geben.
Die Tomaten nach
Belieben enthäuten.

BOUILLABAISE

1. Die Fische unter fließendem kalten Wasser abspülen, trockentupfen und die Filets heraustrennen. Gräten und Köpfe für den Fond beiseite stellen.

2. Die Zwiebel abziehen und in Ringe schneiden.

3. Krevetten (Gambas) etwa 3 Minuten in kochendem Wasser mit Lorbeerblättern und den Zwiebelringen blanchieren. Krevetten herausnehmen und aus den Schalen lösen.

4. Gräten, Fischköpfe und Krevettenschalen in 1,5 Liter Wasser zum Kochen bringen und auf etwa 1 Liter Flüssigkeit einkochen. Diesen Fond durch ein Mulltuch gießen.

5. Fenchel putzen und waschen. Porree putzen, längs einschneiden, waschen, in Ringe schneiden. Tomaten waschen, die Stängelansätze herausschneiden. Schalotten und Knoblauch abziehen. Gemüse in Würfel schneiden.

6. Olivenöl erhitzen und das Gemüse darin andünsten. Die Fische in Stücke schneiden und mit den Krevetten hinzufügen.

7. Fischfond, Wermut und Pernod hinzugießen, mit Salz und Pfeffer abschmecken und alles noch etwa 5 Minuten schwach köcheln.

Beilage: Baguette mit Knoblauchbutter.

DIE ZUTATEN:

4 TOMATEN
4 KLEINE ZWIEBELN
2–3 KNOBLAUCHZEHEN
4 TL OLIVENÖL
800 ml FISCHFOND ODER
GEMÜSEBRÜHE
1 MSP. ZUCKER
EINIGE SAFRANFÄDEN
600 g FISCHFILET NACH
WAHL
500 g FRISCHE
GESCHLOSSENE MIES-
MUSCHELN ODER VENUS-
MUSCHELN
ANISLIKÖR ODER PERNOD
SALZ
FRISCH GEMAHLENER
PFEFFER
1 BUND GLATTE PETERSILIE

FISCHSUPPE

1. Tomaten kurze Zeit in kochendes Wasser legen (nicht kochen lassen), in kaltem Wasser abschrecken, enthäuten, die Stängelansätze herausschneiden. Die Tomaten vierteln, entkernen und in feine Würfel schneiden. Zwiebeln und Knoblauch abziehen, fein würfeln, in heißem Öl andünsten. Brühe zugießen, Tomatenwürfel, Zucker und Safran zugeben und alles aufkochen.

2. Das Fischfilet unter fließendem kalten Wasser abspülen, trockentupfen, in Würfel schneiden. Die Muscheln unter fließendem kalten Wasser gründlich sauber bürsten. Muscheln, die sich beim Waschen öffnen, sind ungenießbar. Fischfilet und Muscheln in die kochende Suppe geben, den Fisch und Muscheln etwa 5–10 Minuten auf geringer Hitze ziehen lassen. Muscheln, die sich nach dem Garen nicht öffnen, sind ungenießbar. Die Suppe mit Anislikör oder Pernod, Salz und Pfeffer abschmecken. Mit abgespülter, gehackter Petersilie bestreuen und sofort servieren.

Tipp:
Die Suppe anstatt mit Anislikör oder Pernod mit Weißwein oder Wermut abschmecken.

200 g ZWIEBELN
1 KNOBLAUCHZEHE
300 g RINDFLEISCH
40 g BUTTERSCHMALZ
3 SCHWACH GEH. EL
TOMATENMARK
SALZ, PFEFFER
PAPRIKA EDELSÜSS
PAPRIKA EXTRASCHARF
½ TL KÜMMELSAMEN
GEREBELTER MAJORAN
1 l WASSER
2 GROSSE PAPRIKA-
SCHOTEN (ROT UND GRÜN,
400 g)
3 MITTELGROSSE TOMATEN
TABASCO

GULASCHSUPPE *(FOTO)*

1. Zwiebeln abziehen und in Scheiben schneiden. Knoblauch abziehen, fein würfeln.

2. Rindfleisch unter fließendem kalten Wasser abspülen, trockentupfen und in kleine Würfel schneiden. Fett erhitzen und Fleisch von allen Seiten gut anbraten.

3. Zwiebeln und Knoblauch hinzufügen und kurz mitbraten lassen. Tomatenmark, Salz, Pfeffer, Paprika, Kümmel, Majoran und Wasser hinzufügen und etwa 45 Minuten kochen lassen.

4. Paprika vierteln, entkernen, die weißen Scheidewände entfernen, Schoten waschen und in feine Streifen schneiden. Tomaten kurze Zeit in heißes Wasser legen (nicht kochen lassen), abschrecken, enthäuten, die Stängelansätze herausschneiden und die Tomaten vierteln.

5. Gemüse hinzufügen und weitere 10–15 Minuten garen. Die Suppe mit Tabasco abschmecken.

2 HÄHNCHENBRUSTFILETS
(400 g)
3 EL OLIVENÖL
1 KNOBLAUCHZEHE
1 ZWIEBEL
1 ROTE PAPRIKASCHOTE
1 PEPERONI
350 g ROTE LINSEN
2 EL WEIZENMEHL
1 ½ l GEMÜSE- ODER
GEFLÜGELBRÜHE
SAFT VON 1 ZITRONE
1 TL PAPRIKAPULVER
SALZ, PFEFFER
KREUZKÜMMEL (CUMIN)
1 ZWEIG THYMIAN
1 LORBEERBLATT
4 SCHEIBEN WEISSBROT
5 EL OLIVENÖL
50 g GERIEBENER KÄSE

GEFLÜGELSUPPE MIT ROTEN LINSEN

1. Hähnchenbrustfilets unter fließendem kalten Wasser abspülen, trockentupfen und in kleine Würfel schneiden.

2. Öl in einem Topf erhitzen und das Hähnchenfleisch darin rundherum bräunen. Knoblauch und Zwiebel abziehen, fein hacken, zum Fleisch geben und kurz mitdünsten.

3. Paprika halbieren, die weißen Scheidewände entfernen, entkernen, abspülen, trockentupfen, in Würfel schneiden, mit der entkernten, gewaschenen und fein gehackten Peperoni zum Fleisch geben und kurz mitdünsten.

4. Linsen zum Fleisch geben. Mehl unterrühren und mit Gemüse- oder Geflügelbrühe auffüllen.

5. Die Suppe zum Kochen bringen, mit Zitronensaft, Paprikapulver, Salz, Pfeffer und Kreuzkümmel würzen.

6. Thymianzweig und Lorbeerblatt in die Suppe geben und bei mäßiger Hitze die Linsen etwa 30 Minuten ausquellen lassen.

7. Weißbrot würfeln und im Olivenöl goldgelb rösten.

8. Die Suppe nochmals kräftig abschmecken, sehr heiß anrichten, mit Käse und Weißbrotwürfeln bestreuen und sofort servieren.

COOK-A-LEEKY –

SCHOTTISCHE HÜHNER-LAUCH-SUPPE

1. Hähnchenbrustfilet unter fließendem kalten Wasser abspülen, trockentupfen und in Scheiben schneiden. Butter zerlassen, die Hähnchenbrust darin andünsten und mit den beiden Fonds ablöschen. Bei nicht zu starker Hitze 10 Minuten leicht kochen lassen.

2. Porree putzen, längs einschneiden, waschen, in Ringe schneiden, in die Suppe geben, etwa 5 Minuten garen.

3. Die Suppe mit Salz, Pfeffer und Muskat würzen und mit geviertelten Backpflaumen anrichten.

Tipp:
Statt Hähnchenbrust Putenbrust verwenden.

DIE ZUTATEN:

250 g HÄHNCHENBRUST-
FILET
40 g BUTTER
400 ml GEFLÜGELFOND
ODER -BRÜHE
400 ml KALBFOND ODER
-BRÜHE
1 STANGE PORREE
(LAUCH)
SALZ
FRISCH GEMAHLENER
PFEFFER
GERIEBENE MUSKATNUSS
120 g WEICHE ENTSTEINTE
BACKPFLAUMEN

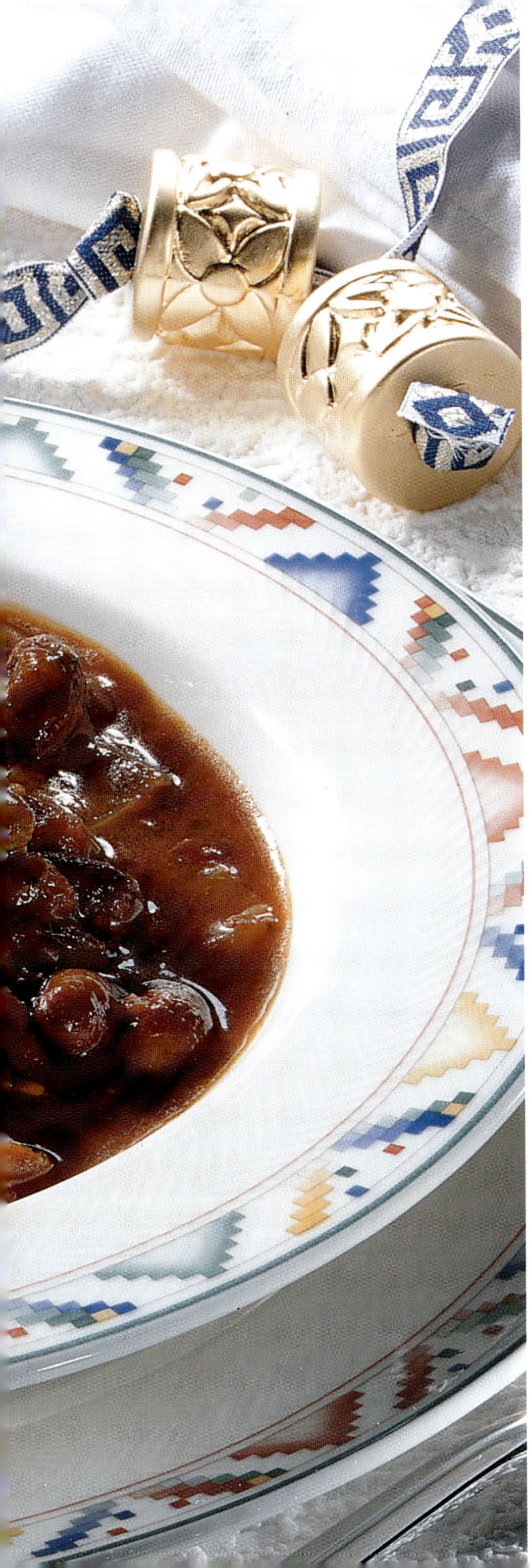

Eintöpfe

EINTÖPFE

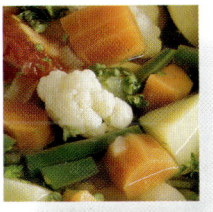

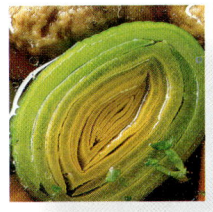

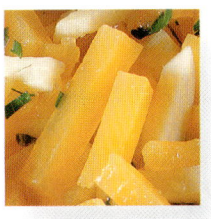

CHILI CON CARNE,
REZEPT SEITE 66

DIE ZUTATEN:

375 g ROTE KIDNEY-
BOHNEN
1 l WASSER
1 kg RINDFLEISCH
3 EL OLIVENÖL
1 GEMÜSEZWIEBEL (250 g)
2–3 KNOBLAUCHZEHEN
1–2 ROTE CHILISCHOTEN
1 TL KÜMMEL
1 TL GEREBELTER
OREGANO
2–3 LORBEERBLÄTTER
1 EL PAPRIKA EDELSÜSS
1 DOSE (500 g)
GESCHÄLTE TOMATEN
SALZ
CHILIPULVER

CHILI CON CARNE

(FOTO SEITE 64/65 – 6 PORTIONEN)

1. Die Bohnen über Nacht in dem Wasser einweichen.

2. Das Rindfleisch unter fließendem kalten Wasser abspülen, trockentupfen, in 2 cm große Würfel schneiden, in 3 Portionen in jeweils 1 von 3 Esslöffeln Öl anbraten. Die Zwiebel und den Knoblauch abziehen, würfeln, zu dem angebratenem Fleisch geben, einige Minuten dünsten.

3. Die Chilischoten entkernen, waschen, hacken, mit den eingeweichten Bohnen (mit Einweichwasser) zugeben. Mit Kümmel, Oregano, Lorbeerblättern, Paprika würzen, etwa 1 ¼ – 1 ½ Stunden garen. Die zerkleinerten Tomaten mit Saft zugeben, das Gericht salzen und weitere 15–30 Minuten garen, kräftig mit Chilipulver abschmecken.

Beigabe: Reis, Salat.

Tipp:
Das Chili kann auch mit Kidneybohnen aus der Dose zubereitet werden. Es werden dann etwa 800 g Bohnen abgetropft mit den Tomaten zugegeben.

DIE ZUTATEN:

500 g RINDFLEISCH
3 EL SPEISEÖL
2 MITTELGROSSE
ZWIEBELN
SALZ
FRISCH GEMAHLENER
PFEFFER
250 ml (¼ l) FLEISCH-
BRÜHE
500 g GRÜNE BOHNEN
3 MITTELGROSSE
KARTOFFELN
6 MITTELGROSSE TOMATEN
GEREBELTER OREGANO

GRÜNE-BOHNEN-TOMATEN-EINTOPF (FOTO)

1. Rindfleisch unter fließendem kalten Wasser abspülen, trockentupfen, in kleine Würfel schneiden und in erhitztem Öl von allen Seiten anbraten.

2. Zwiebeln abziehen, würfeln und ebenfalls anbraten, alles mit Salz und Pfeffer bestreuen. Fleischbrühe hinzufügen, etwa 30 Minuten schmoren lassen.

3. Von den grünen Bohnen die Enden abschneiden, die Bohnen evtl. abfädeln, waschen und in Stücke schneiden. Kartoffeln waschen, schälen, abspülen und in kleine Würfel schneiden.

4. Beide Zutaten zu dem Fleisch geben, umrühren, evtl. etwas Wasser hinzugeben und noch etwa 30 Minuten garen.

5. Tomaten kurze Zeit in kochendes Wasser legen (nicht kochen lassen), mit kaltem Wasser abschrecken, enthäuten, Stängelansätze herausschneiden und Tomaten vierteln.

6. Die Tomaten 10 Minuten vor Beendigung der Garzeit zu dem Eintopf geben und mit Salz, Pfeffer und Oregano gut würzen.

DIE ZUTATEN:

250 g LINSEN
1 l FLEISCHBRÜHE
1 ZWIEBEL
125 g DURCHWACHSENER
SPECK
2–3 EL SPEISEÖL
1 EL CURRYPULVER
500 g KARTOFFELN
1 BUND SUPPENGRÜN
SALZ, PFEFFER
4 RAUCHENDEN (360 g)

LINSENEINTOPF MIT WÜRSTCHEN

1. Linsen waschen, in der Brühe zum Kochen bringen, etwa 1 Stunde kochen lassen.

2. Zwiebel abziehen, würfeln. Den Speck in feine Scheiben schneiden. Öl erhitzen, beides darin glasig dünsten, Curry darüber stäuben und durchdünsten.

3. Kartoffeln schälen, waschen, in Würfel schneiden. Suppengrün putzen, waschen und in Würfel schneiden, zusammen mit dem Speck zu den Linsen geben und 15 Minuten kochen lassen.

4. Die Rauchenden in den Eintopf geben und etwa 10 Minuten mitkochen lassen. Vor dem Servieren die Würstchen aus dem Eintopf nehmen und in Scheiben schneiden.

FEUERBOHNENTOPF

DIE ZUTATEN:

3 EL SPEISEÖL
500 g HACKFLEISCH
(HALB RIND-, HALB
SCHWEINEFLEISCH)
3 GROSSE (200 g)
ZWIEBELN
3 PAPRIKASCHOTEN (ROT,
GELB, GRÜN)
3–4 EL TOMATENMARK
500 ml (½ l) GEMÜSE-
BRÜHE
1 DOSE (255 g) ROTE
BOHNEN
1 DOSE (285 g) MAIS
125 ml (⅛ l) CHILISAUCE
SALZ
FRISCH GEMAHLENER
PFEFFER

1. Öl in einem großen Topf erhitzen. Hackfleisch darin anbraten. Zwiebeln abziehen, fein würfeln. Paprikaschoten halbieren, entstielen, entkernen, die weißen Scheide-wände entfernen, die Schoten waschen, in Streifen schneiden.

2. Zwiebelwürfel und Paprikastreifen hinzufügen, etwa 10 Minuten schmoren lassen, dabei öfters umrühren. Tomatenmark hinzufügen, umrühren. Brühe hinzugeben. Zum Kochen bringen und etwa 10 Minuten garen.

3. Bohnen abtropfen lassen. Zusammen mit Mais und Chilisauce zu der Suppe geben. Einmal aufkochen und mit Salz und Pfeffer abschmecken.

Beigabe: Roggen- oder Körnerbrötchen.

Tipp:

Eine Stange Porree (Lauch) putzen, längs ein-schneiden, waschen, in Ringe schneiden und mit den Paprika hinzufügen. Evtl. noch etwas Brühe zugeben, wenn der Eintopf zu dick ist.

500 g SCHWEINEFLEISCH
(OHNE KNOCHEN)
40 g BUTTERSCHMALZ
SALZ
FRISCH GEMAHLENER
PFEFFER
750 g STIELMUS
500 g KARTOFFELN
250–375 ml (¼–⅜ l)
WASSER ODER FLEISCH-
BRÜHE

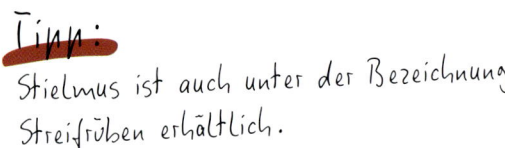

STIELMUSEINTOPF *(Foto)*

1. Schweinefleisch unter fließendem kalten Wasser abspülen, trockentupfen, in kleine Würfel schneiden. Butterschmalz zerlassen, das Fleisch schwach darin bräunen, mit Salz, Pfeffer würzen.

2. Stielmus putzen, die welken Blätter entfernen, waschen, klein schneiden. Kartoffeln schälen, waschen, in Würfel schneiden.

3. Stielmus und Kartoffeln zu dem Fleisch geben, Wasser hinzufügen, etwa 1 Stunde schmoren lassen, abschmecken.

Tipp:
Stielmus ist auch unter der Bezeichnung
Streifrüben erhältlich.

DIE ZUTATEN:

750 g RINDFLEISCH
40 g BUTTER
SALZ
FRISCH GEMAHLENER
PFEFFER
GEREBELTER MAJORAN
4 ZWIEBELN
200 g MÖHREN
200 g GRÜNE BOHNEN
250 g WEISSKOHL
200 g TK-ERBSEN
750 ml (¾ l) FLEISCH-
BRÜHE
1 THYMIANZWEIG
2 EL GEHACKTE PETERSILIE

RINDFLEISCHEINTOPF MIT GEMÜSE

1. Rindfleisch unter fließendem kalten Wasser abspülen, trockentupfen und in kleine Würfel schneiden. Butter in einem großen Topf erhitzen, Fleisch unter Wenden schwach darin bräunen lassen, mit Salz, Pfeffer und Majoran bestreuen.

2. Zwiebeln abziehen, halbieren und in Scheiben schneiden. Möhren putzen, schälen, waschen und in Scheiben schneiden. Bohnen waschen, die Enden abschneiden, evtl. abfädeln und Bohnen in Stücke schneiden. Weißkohl putzen, waschen und klein schneiden.

3. Gemüse zusammen mit Erbsen zu dem Fleisch geben. Fleischbrühe hinzugießen, Thymianzweig dazugeben, etwa 60 Minuten gar schmoren lassen, den Eintopf nochmals abschmecken und mit Petersilie bestreut servieren.

DIE ZUTATEN:

500 g FLEISCHKNOCHEN
1 ½ l SALZWASSER
375 g KARTOFFELN
2 PCK. (JE 450 g) TK-
SUPPENGEMÜSE
SALZ
FRISCH GEMAHLENER
PFEFFER
GEHACKTE BOHNENKRAUT-
BLÄTTCHEN
GEHACKTE THYMIAN-
BLÄTTCHEN
GEHACKTE MAJORAN-
BLÄTTCHEN

FÜR DIE HACKFLEISCH-
BÄLLCHEN:
1 BRÖTCHEN
1 MITTELGROSSE ZWIEBEL
500 g HACKFLEISCH
(HALB RIND-, HALB
SCHWEINEFLEISCH)
1 EI (GRÖSSE M)
1 TL SENF
1 EL GEHACKTE PETERSILIE

BUNTER HACKFLEISCH-EINTOPF

1. Fleischknochen abspülen, in Salzwasser zum Kochen bringen und etwa 1 ½ Stunden kochen lassen.

2. Kartoffeln schälen, waschen und in kleine Würfel schneiden.

3. Die Knochen aus der Brühe nehmen, die Brühe durch ein Sieb gießen.

4. Kartoffelwürfel und Suppengemüse in die Brühe geben, mit Salz und Pfeffer und nach Belieben mit Bohnenkraut-, Thymian- und Majoranblättchen würzen, zum Kochen bringen und etwa 15 Minuten garen.

5. Für die Hackfleischbällchen das Brötchen in kaltem Wasser einweichen, Zwiebel abziehen und fein würfeln. Hackfleisch mit dem gut ausgedrückten Brötchen, den Zwiebelwürfeln, Ei und Senf vermengen, mit Salz und Pfeffer abschmecken.

6. Aus der Masse mit nassen Händen kleine Bällchen formen, in den Eintopf geben und in 10 Minuten gar ziehen lassen.

7. Den Eintopf mit gehackter Petersilie bestreuen.

Tipp:
Der bunte Hack-
fleischtopf kann auch
mit Instant Fleisch-
oder Gemüsebrühe
zubereitet werden.

FASSBOHNENEINTOPF

1. Kasseler unter fließendem kalten Wasser abspülen, trockentupfen, in Würfel schneiden. Fett erhitzen, die Fleischwürfel darin unter Wenden schwach bräunen.

2. Zwiebel abziehen, würfeln, zu dem Fleisch geben, 250 ml (¼ l) Wasser hinzugießen, die Fleischwürfel zugedeckt etwa 10 Minuten schmoren lassen, ab und zu durchrühren.

3. Kartoffeln schälen, waschen, in Würfel schneiden. Fassbohnen waschen, evtl. kurze Zeit wässern, abtropfen lassen.

4. Beides zu dem Fleisch geben, das restliche Wasser hinzugießen, zum Kochen bringen und zugedeckt etwa 45 Minuten schmoren lassen. Den Eintopf mit Salz, Pfeffer, Essig und Zucker abschmecken.

DIE ZUTATEN:

500 g KASSELER NACKEN
30 g PFLANZENFETT
1 ZWIEBEL
500 ml (½ l) WASSER
750 g KARTOFFELN
500 g FASSBOHNEN
SALZ
FRISCH GEMAHLENER
PFEFFER
KRÄUTERESSIG
ZUCKER

DIE ZUTATEN:

2 BEINSCHEIBEN VOM
KALB (ETWA 500 g)
1 SCHWEINSHAXE (500 g)
4 KLEINE ZWIEBELN
2 MÖHREN
500 g WEISSE RÜBEN
½ KOPF WIRSING
2 METTWÜRSTE (250 g)
2 l FLEISCHBRÜHE
SALZ, PFEFFER
2 KNOBLAUCHZEHEN
1 LORBEERBLATT
EINIGE NELKEN
1 KLEINES BUND
PETERSILIE

DIE ZUTATEN:

1 kg ROASTBEEFKNOCHEN
SALZ
1 BUND SUPPENGRÜN
1 PETERSILIENWURZEL
2 LORBEERBLÄTTER

FÜR DIE
GRIESSKLÖSSCHEN:
125 ml (⅛ l) MILCH
10 g BUTTER
SALZ
GERIEBENE MUSKATNUSS
50 g GRIESS
1 EI (GRÖSSE M)

500 g GRÜNE BOHNEN
2 ZWIEBELN
1 ROTE CHILISCHOTE
3 EL SPEISEÖL
2 GESTRICHENE EL
SPEISESTÄRKE

BRETONISCHER EINTOPF
(FOTO)

1. Beinscheiben und Schweinshaxe unter fließendem kalten Wasser abspülen, in kochendem, gesalzenen Wasser 2 Minuten blanchieren. Anschließend abgießen und das Fleisch abspülen.

2. Zwiebeln abziehen, Möhren und weiße Rüben putzen, schälen, waschen.

3. Vom Wirsing die groben äußeren Blätter lösen, den Wirsing vierteln, den Strunk herausschneiden, den Wirsing abspülen, in grobe Würfel schneiden.

4. Alle Gemüse- und Fleischzutaten mit der Fleischbrühe zum Kochen bringen. Mit Salz, Pfeffer, abgezogenem Knoblauch, Lorbeerblatt und Nelken würzen. Petersilie abspülen, trockentupfen, die Blättchen von den Stängeln zupfen und in den Eintopf geben. Ganz leicht etwa 90 Minuten kochen lassen, hin und wieder abschäumen. Den Eintopf abschmecken.

Beigabe: Baguette.

GRÜNE BOHNENEINTOPF MIT GRIESSKLÖSSCHEN
(FOTO SEITE 4/5 – 4–6 PORTIONEN)

1. Die Knochen mit 2 l Wasser und 1 Teelöffel Salz zum Kochen bringen. Inzwischen das Suppengrün und die Petersilienwurzel putzen, waschen, die Hälfte beiseite legen, den Rest grob zerkleinern. Die Brühe gut abschäumen, zerkleinertes Suppengrün und Lorbeerblätter zugeben. Ohne Deckel bei milder Hitze etwa 2 Stunden ziehen lassen. Gelegentlich abschäumen, dann durch ein feines Sieb abgießen.

2. Für die Klößchen Milch mit Butter, Salz und Muskat zum Kochen bringen, von der Kochstelle nehmen. Grieß unter Rühren hineinstreuen, zu einem glatten Kloß rühren und noch etwa 1 Minute erhitzen. Den heißen Kloß in eine Schüssel geben und das Ei unterrühren. Aus der Masse mit 2 Teelöffeln Klößchen formen, in kochendes Salzwasser geben, etwa 5 Minuten gar ziehen lassen (Flüssigkeit muss sich leicht bewegen).

3. Die Bohnen putzen, waschen, schräg in 2 cm lange Stücke schneiden. Zwiebeln abziehen und mit dem restlichen Suppengrün sehr fein würfeln. Chilischote längs aufschlitzen, putzen, waschen und quer in feine Streifen schneiden. Zwiebeln, Suppengrün und Chilischote etwa 3 Minuten im Öl andünsten. Die Bohnen hinzufügen. Brühe zugießen und etwa 12 Minuten im offenen Topf bei schwacher Hitze kochen lassen.

4. Speisestärke mit 3 Esslöffeln kaltem Wasser verrühren, in den Eintopf gießen und 1 Minute kochen. Die Klößchen zugeben, die Suppe mit Salz würzen und servieren.

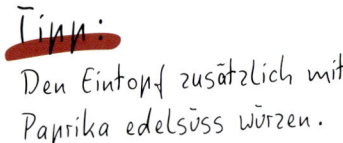

DIE ZUTATEN:

1 kg PORREE (LAUCH)

2 MÖHREN

1 STÜCK KNOLLEN-
SELLERIE

1 ZWIEBEL

750 g MEHLIG KOCHENDE
KARTOFFELN

75 g DURCHWACHSENER
SPECK

1 EL SPEISEÖL

1 l FLEISCHBRÜHE

4 GERÄUCHERTE METT-
WÜRSTCHEN

SALZ

FRISCH GEMAHLENER
PFEFFER

1–2 EL GEHACKTE
PETERSILIE

PORREE-EINTOPF

1. Porree putzen, längs halbieren, gründlich waschen, abtropfen lassen und in etwa 2 cm breite Streifen schneiden. Möhren putzen, schälen, waschen, in Scheiben schneiden. Sellerie schälen, waschen, in Würfel schneiden. Zwiebel abziehen und würfeln. Kartoffeln schälen, waschen und würfeln.

2. Speck würfeln und in Öl ausbraten. Möhrenscheiben, Sellerie- und Zwiebelwürfel darin andünsten. Kartoffelwürfel, Fleischbrühe und Mettwürstchen hinzufügen, zum Kochen bringen, etwa 10 Minuten kochen lassen.

3. Porreestreifen hinzufügen, mit Salz und Pfeffer würzen, zum Kochen bringen und 5–7 Minuten kochen lassen.

4. Mettwürstchen aus dem Eintopf nehmen, in Scheiben schneiden, wieder in den Eintopf geben. Den Eintopf abschmecken und mit Petersilie bestreuen.

Tipp:
Den Eintopf zusätzlich mit
Paprika edelsüss würzen.

PARMA-BOHNEN

1. Bohnen abfädeln, waschen und in Stücke brechen. Champignons putzen, mit Küchenpapier abreiben, evtl. abspülen. Kleinere Champignons ganz lassen, größere halbieren oder vierteln. Die Pilze in dem erhitzten Öl andünsten.

2. Tomaten kurze Zeit in kochendes Wasser legen (nicht kochen lassen), mit kaltem Wasser abschrecken, enthäuten, halbieren, die Stängelansätze herausschneiden und die Tomaten in Spalten schneiden.

3. Zwiebeln abziehen und in Würfel schneiden. Speck in Würfel schneiden, in einem großen Topf auslassen. Zwiebelwürfel hinzufügen und glasig dünsten.

4. Bohnen dazugeben, kurz andünsten und mit Bohnenkraut, Oregano, Pfeffer und Salz würzen.

5. Fleischbrühe hinzugießen, Bohnen etwa 15 Minuten garen, die restlichen Zutaten hinzufügen und noch 2–3 Minuten garen.

6. Parma-Bohnen mit Kräutern und Salz abschmecken und mit Parmesan bestreut servieren.

DIE ZUTATEN:

500 g GRÜNE BOHNEN
250 g CHAMPIGNONS
2 EL OLIVENÖL
400 g TOMATEN
2 ZWIEBELN
100 g PANCETTA
(ITALIENISCHER SPECK)
ODER DURCHWACHSENER
SPECK
½ TL GEREBELTES
BOHNENKRAUT
GEREBELTER OREGANO
FRISCH GEMAHLENER
PFEFFER
SALZ
1 l FLEISCHBRÜHE
60 g GROB GEHOBELTER
PARMESAN

DIE ZUTATEN:

500 g KARTOFFELN
400 g MÖHREN
4 STANGEN STAUDEN-
SELLERIE
50 g BUTTER
SALZ
FRISCH GEMAHLENER
PFEFFER
GEMAHLENER KÜMMEL
CURRYPULVER
500 ml (½ l) FISCHFOND
500 g FISCHFILET, Z.B.
ROTBARSCH, ZANDER,
FORELLE
250 ml (¼ l) SCHLAG-
SAHNE
1 BUND DILL
4–5 EL WEISSWEIN

ANGLERTOPF *(FOTO)*

1. Kartoffeln waschen, schälen, abspülen und in Würfel schneiden. Möhren putzen, schälen, waschen und würfeln. Staudensellerie putzen, waschen, die harten Außenfäden abziehen und Staudensellerie in Scheiben schneiden.

2. Butter in einem Topf zerlassen und das vorbereitete Gemüse darin andünsten. Das Gemüse mit Salz, Pfeffer, Kümmel und Curry bestreuen, den Fischfond hinzufügen, alles zum Kochen bringen und etwa 15 Minuten garen lassen.

3. Fischfilet unter fließendem kalten Wasser abspülen, trockentupfen und in Stücke schneiden. Die Fischstücke mit der Sahne zu dem Gemüse geben und alles bei schwacher Hitze 5–7 Minuten garen.

4. Dill abspülen, trockentupfen, klein schneiden und mit dem Weißwein hinzufügen. Den Anglertopf bei Bedarf nochmals mit den Gewürzen abschmecken.

Beigabe: Toast.

DIE ZUTATEN:

400 g LAMMSCHULTER
100–125 g PERLGRAUPEN
1 l GEMÜSEFOND
100 g KARTOFFELN
100 g KNOLLENSELLERIE
100 g MÖHREN
1 STANGE PORREE
(LAUCH)
100 g BLUMENKOHL
SALZ
FRISCH GEMAHLENER
PFEFFER
THYMIAN
1 ABGEZOGENE, ZERHACKTE
KNOBLAUCHZEHE

GEMÜSE-GRAUPEN-EINTOPF MIT LAMM

1. Lammfleisch unter fließendem kalten Wasser abspülen, trockentupfen, in Würfel schneiden. Die Graupen mit 1 l Wasser zum Kochen bringen, einmal aufkochen lassen, auf ein Sieb geben. Gemüsefond zum Kochen bringen, Lammfleischwürfel und Graupen darin etwa 50 Minuten garen.

2. Gemüse putzen, waschen, schälen. Kartoffeln, Sellerie und Möhren in Würfel schneiden, Porree in Streifen schneiden, Blumenkohl in Röschen teilen. Kartoffel-, Sellerie- und Möhrenwürfel in die Brühe geben, weitere 10 Minuten kochen lassen. Blumenkohlröschen und Porreestreifen hinzufügen, mit Salz, Pfeffer, Thymian und Knoblauch würzen, noch einige Minuten leicht kochen lassen.

Tipp:
100 g grüne Bohnen mitgaren.

DIE ZUTATEN:

1 ¼ kg **LAMMKEULE (MIT KNOCHEN)**
3 EL **SPEISEÖL**
SALZ
FRISCH GEMAHLENER PFEFFER
300 g **KLEINE ZWIEBELN**
2 **KNOBLAUCHZEHEN**
750 g **GRÜNE BOHNEN**
500 g **KARTOFFELN**
2 **GRÜNE PAPRIKA-SCHOTEN**
2–3 **BOHNENKRAUT-ZWEIGE**
1 l **GEMÜSEBRÜHE**
1–2 EL **GEHACKTE PETERSILIE**

BOHNENEINTOPF MIT LAMMFLEISCH

1. Lammkeule unter fließendem kalten Wasser abspülen, trockentupfen, das Fleisch vom Knochen lösen und würfeln.

2. Öl erhitzen, die Fleischwürfel darin von allen Seiten gut anbraten, mit Salz und Pfeffer würzen.

3. Zwiebeln abziehen, halbieren, Knoblauchzehen abziehen, fein würfeln und beide Zutaten zu dem Fleisch geben, andünsten.

4. Bohnen evtl. abfädeln, Enden entfernen, waschen, in Stücke schneiden oder brechen. Kartoffeln schälen, waschen, in Achtel schneiden. Paprikaschoten halbieren, entstielen, entkernen, die weißen Scheidewände entfernen, waschen, in Streifen schneiden.

5. Die 3 Zutaten zu dem Fleisch geben. Bohnenkrautzweige vorsichtig abspülen, mit Gemüsebrühe hinzufügen, zum Kochen bringen, den Eintopf in etwa 45 Minuten gar kochen lassen.

6. Mit Salz und Pfeffer abschmecken und mit gehackter Petersilie bestreuen.

DIE ZUTATEN:

150 g ERDNUSSKERNE,
UNGESALZEN
1 BUND FRÜHLINGS-
ZWIEBELN
4 STANGEN STAUDEN-
SELLERIE (ETWA 250 g)
2 MITTELGROSSE
KARTOFFELN (ETWA 200 g)
75 ml ERDNUSSÖL
500 g PASSIERTE
TOMATEN
125 ml (⅛ l) GEMÜSE-
BRÜHE
1 TL GEREBELTER THYMIAN
1 TL GEREBELTES
BOHNENKRAUT
ETWA 800 g KIDNEY-
BOHNEN (2 DOSEN)
SALZ
FRISCH GEMAHLENER
PFEFFER
5 TROPFEN TABASCOSAUCE
½ BUND GLATTE
PETERSILIE

AMERIKANISCHER BOHNEN-
EINTOPF MIT ERDNÜSSEN

1. Die Hälfte der Erdnüsse fein mahlen, den Rest in einer Pfanne ohne Fett leicht rösten.

2. Frühlingszwiebeln und Staudensellerie putzen, waschen, vom Staudensellerie die harten Außenfäden abziehen, beide Zutaten in 1 cm breite Ringe schneiden. Kartoffeln schälen, waschen, in Würfel schneiden.

3. Erdnussöl in einem Topf erhitzen, das Gemüse hinzufügen, andünsten. Die gemahlenen Erdnüsse darüber streuen.

4. Tomaten und Gemüsebrühe hinzugießen, kurz aufkochen lassen, mit Thymian und Bohnenkraut würzen, etwa 20 Minuten schwach köcheln lassen.

5. Kidneybohnen abtropfen lassen, dazugeben, 5 Minuten miterhitzen, mit Salz, Pfeffer und Tabascosauce abschmecken.

6. Petersilie abspülen, trockentupfen, die Blättchen von den Stängeln zupfen, fein hacken, zusammen mit den restlichen Erdnüssen über den Eintopf streuen.

Beigabe: Kräftiges Körnerbrot.

Tipp:
Wer keine Erdnusskerne mag, kann den Eintopf mit Mandeln zubereiten.

DIE ZUTATEN:

500 g SCHWEINEBAUCH
(OHNE KNOCHEN UND
SCHWARTE)
750 g STECKRÜBEN
500 g KARTOFFELN
2 MITTELGROSSE
ZWIEBELN
40 g BUTTERSCHMALZ
SALZ
FRISCH GEMAHLENER,
WEISSER PFEFFER
375–500 ml (³/₈–¹/₂ l)
GEMÜSEBRÜHE
1 EL GEHACKTE, GLATTE
PETERSILIE

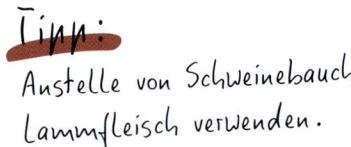

STECKRÜBENEINTOPF *(Foto)*

1. Schweinebauch unter fließendem kalten Wasser abspülen, trockentupfen, in Würfel schneiden.

2. Steckrüben und Kartoffeln waschen, schälen, abspülen, in Stifte schneiden. Zwiebeln abziehen, würfeln.

3. Butterschmalz zerlassen, das Fleisch unter Wenden darin leicht bräunen, Zwiebelwürfel hinzufügen, kurz miterhitzen, mit Salz und Pfeffer würzen. Einen Teil der Gemüsebrühe hinzufügen, etwa 30 Minuten garen lassen. Steckrüben- und Kartoffelstifte sowie den Rest der Brühe dazugeben, etwa 20 Minuten weitergaren. Den Eintopf nochmals abschmecken und mit Petersilie bestreuen.

Tipp:
Anstelle von Schweinebauch
Lammfleisch verwenden.

DIE ZUTATEN:

100 g WEISSE BOHNEN
750 ml (³/₄ l) WASSER
375 g SCHWEINEBAUCH
1 kg MÖHREN
500 g KARTOFFELN
250 g ÄPFEL
40 g BUTTER
2 ZWIEBELN
SALZ
375 ml (³/₈ l) WASSER
ODER FLEISCHBRÜHE
2 EL GEHACKTE
PETERSILIE

MÖHRENEINTOPF MIT WEISSEN BOHNEN

1. Bohnen abspülen, in dem Wasser 12–24 Stunden einweichen, in dem Einweichwasser zum Kochen bringen, in etwa 1 Stunde gar kochen lassen.

2. Schweinebauch unter fließendem kalten Wasser abspülen, trockentupfen, in kleine Würfel schneiden.

3. Möhren putzen und schälen. Kartoffeln schälen. Beide Zutaten waschen, in kleine Würfel schneiden. Äpfel schälen, vierteln, entkernen, in Scheiben schneiden.

4. Butter erhitzen, das Fleisch unter Wenden schwach darin bräunen. Zwiebeln abziehen, würfeln. Kurz bevor das Fleisch genügend gebräunt ist, die Zwiebeln hinzufügen, kurz miterhitzen. Das Fleisch mit Salz würzen.

5. Möhren, Kartoffeln, Äpfel und Wasser hinzugeben, in 45–60 Minuten gar schmoren lassen. Die Bohnen ohne Flüssigkeit unter den Eintopf geben. Mit der gehackten Petersilie bestreuen.

DIE ZUTATEN:

½ KOPF WEISSKOHL
½ KOPF WIRSING
6 WEISSE RÜBEN
300 g KARTOFFELN
1 GEMÜSEZWIEBEL
1 KLEINE STANGE PORREE
(LAUCH)
1 BUND GLATTE PETERSILIE
6 EL SPEISEÖL
1 ½–2 l GEMÜSEBRÜHE
SALZ
FRISCH GEMAHLENER
PFEFFER
MUSKATNUSS

EINTOPF VON KRAUT UND RÜBEN

1. Weißkohl und Wirsing putzen, waschen, ohne Blattrippen in feine Streifen schneiden.

2. Weiße Rüben und Kartoffeln schälen, gut waschen, würfeln und abtropfen lassen. Zwiebel abziehen und würfeln.

3. Porree putzen, längs halbieren, waschen, in feine Streifen schneiden. Petersilie abspülen, grob hacken.

4. In einem großen Topf das Öl erhitzen, die Zutaten darin andünsten und mit der Brühe auffüllen.

5. 35–45 Minuten kochen lassen, mit Salz, Pfeffer und Muskatnuss abschmecken.

Beigabe: Roggenbrötchen.

PICHELSTEINER EINTOPF

1. Fleisch unter fließendem kalten Wasser abspülen, trockentupfen und in Würfel schneiden. Möhren putzen und schälen. Kartoffeln schälen. Beide Zutaten waschen und in Würfel schneiden.

2. Porree putzen, halbieren, waschen, in Streifen schneiden. Weißkohl putzen, waschen und klein schneiden.

3. Margarine erhitzen, das Fleisch unter Wenden schwach darin bräunen lassen. Zwiebeln abziehen, halbieren und in Scheiben schneiden. Kurz bevor das Fleisch genügend gebräunt ist, Zwiebelscheiben hinzufügen und kurz miterhitzen.

4. Das Fleisch mit Salz, Majoran, Liebstöckel und Pfeffer würzen. Gemüse, Kartoffeln und Fleischbrühe hinzufügen, in etwa 1 Stunde gar schmoren lassen und den Eintopf nochmals abschmecken und mit Petersilie bestreuen.

DIE ZUTATEN:

250 g LAMMFLEISCH
250 g SCHWEINEFLEISCH
250 g MÖHREN
375 g KARTOFFELN
250 g PORREE (LAUCH)
250 g WEISSKOHL
40 g MARGARINE
2 MITTELGROSSE ZWIEBELN
SALZ
GEREBELTER MAJORAN
GEREBELTES LIEBSTÖCKEL
FRISCH GEMAHLENER PFEFFER
500 ml (½ l) FLEISCH-BRÜHE
2 EL GEHACKTE PETERSILIE

1 PUTENOBERSCHENKEL
(ETWA 1 KG)
SALZ
FRISCH GEMAHLENER
PFEFFER
250 g ZWIEBELN
500 g KARTOFFELN
2 PAPRIKASCHOTEN
PAPRIKA EDELSÜSS
2 EL FRISCHER OREGANO
1 ENTKERNTE PEPERONI
30 g ZERLASSENE BUTTER
500 g TOMATEN

GEMÜSEEINTOPF MIT PUTENKEULE *(FOTO)*

1. Putenoberschenkel abspülen, trockentupfen, mit Salz und Pfeffer einreiben.

2. Zwiebeln abziehen und würfeln, Kartoffeln schälen, waschen und in Würfel schneiden. Paprika halbieren, entstielen, entkernen und die weißen Scheidewände entfernen, Schoten waschen, in Würfel schneiden, abwechselnd mit den Zwiebel- und Kartoffelwürfeln in den gewässerten Römertopf schichten.

3. Mit Salz, Pfeffer, Paprika und Oregano würzen. Nach Belieben die in feine Ringe geschnittene Peperoni unterrühren. Putenoberschenkel auf das Gemüse legen, mit zerlassener Butter bestreichen, den Römertopf mit dem Deckel verschließen und in den kalten Backofen stellen.

Ober-/Unterhitze: 200–220 °C, **Heißluft:** 180–200 °C
Gas: Stufe 4–5, **Garzeit:** etwa 1 ¾ Stunden.

4. Tomaten kurze Zeit in kochendes Wasser legen (nicht kochen lassen), in kaltem Wasser abschrecken, enthäuten, die Stängelansätze herausschneiden. Die Tomaten in Würfel schneiden und mit Salz und Pfeffer bestreuen.

5. Eine halbe Stunde vor Beendigung der Garzeit Tomatenwürfel zu dem Fleisch und dem übrigen Gemüse geben und ohne Deckel fertig garen. Das Fleisch herausnehmen, von den Knochen lösen, in Scheiben schneiden. Das Gemüse umrühren, abschmecken.

250 g WEISSE BOHNEN
1 ½ l WASSER
400 g SCHWEINEBAUCH
150 g PORREE (LAUCH)
250 g MÖHREN
375 g KARTOFFELN
1 MITTELGROSSE ZWIEBEL
1 KNOBLAUCHZEHE
SALZ
PFEFFER
GEKÖRNTE BRÜHE
1 TL GEHACKTES BOHNEN-
KRAUT
2 DEBRECZINER-WÜRSTE
(ODER CABANOSSI)
2 EL GEHACKTE PETERSILIE

EINTOPF MIT WEISSEN BOHNEN

1. Bohnen waschen, in Wasser etwa 12 Stunden einweichen, abgießen, das Einweichwasser beiseite stellen.

2. Schweinebauch abspülen, in einem Teil des Einweichwassers zum Kochen bringen und etwa 20 Minuten kochen lassen.

3. Porree putzen, halbieren, waschen, in kleine Stücke schneiden. Möhren und Kartoffeln putzen, schälen, waschen, in kleine Würfel schneiden. Zwiebel und Knoblauch abziehen, in kleine Würfel schneiden.

4. Die Zutaten mit den weißen Bohnen und dem Rest des Einweichwassers zu dem Fleisch geben, würzen, zum Kochen bringen und noch etwa 30 Minuten garen.

5. Etwa 10 Minuten vor Beendigung der Garzeit Bohnenkraut hinzufügen, die Debrecziner darauf legen und mitkochen.

6. Fleisch und Würstchen herausnehmen, in Würfel schneiden und wieder in den Eintopf geben, abschmecken, mit Petersilie bestreut servieren.

DIE ZUTATEN:

375 g MÖHREN
375 g KARTOFFELN
375 g GRÜNE BOHNEN
250 g TOMATEN
250 g BLUMENKOHL
2 MITTELGROSSE
ZWIEBELN
50 g BUTTER ODER
MARGARINE
SALZ
FRISCH GEMAHLENER
PFEFFER
2 GESTR. EL
VEGETARISCHE PASTE
1 TL GEHACKTE
BASILIKUMBLÄTTCHEN
500 ml (½ l) GEMÜSE-
BRÜHE
2 EL GEHACKTE PETERSILIE

Tipp:
Den Eintopf nach
Belieben zusätzlich
mit Paprika edelsüss
und Cayennepfeffer
würzen.

VEGETARISCHER EINTOPF

1. Möhren und Kartoffeln putzen, schälen, waschen, in Würfel schneiden. Von den Bohnen die Enden abschneiden, evtl. abfädeln, waschen, in Stücke brechen oder schneiden.

2. Tomaten kurz in kochendes Wasser legen (nicht kochen lassen), in kaltem Wasser abschrecken, enthäuten, vierteln, die Stängelansätze herausschneiden. Blumenkohl putzen, waschen, in Röschen teilen. Zwiebeln abziehen, würfeln.

3. Butter erhitzen, Zwiebeln, Kartoffeln und Bohnen etwa 5 Minuten unter Wenden darin andünsten, mit Salz, Pfeffer, vegetarischer Paste und Basilikum würzen.

4. Brühe hinzugießen, nach 15 Minuten Garzeit Tomaten, Möhren und Blumenkohl hinzufügen, weitere 15 Minuten garen lassen. Den Eintopf nochmals abschmecken und mit Petersilie bestreuen.

Beigabe: Weizenbrötchen.

BORSCHTSCH *(6 PORTIONEN)*

1. Das Fleisch und die Knochen unter fließendem kalten Wasser abspülen. Das Suppengrün putzen, waschen, mit dem Fleisch in einen Kochtopf geben. Das Salzwasser hinzugießen, zum Kochen bringen, evtl. abschäumen, in 1 ½–2 Stunden gar kochen lassen. Das Fleisch und die Knochen auf ein Sieb geben, die Brühe auffangen.

2. Den Knoblauch und die Zwiebeln abziehen, halbieren und in Scheiben schneiden. Den Weißkohl vierteln, in dünne Streifen schneiden, waschen. Die Rote Bete und Tomaten abtropfen lassen, den Saft auffangen und die Zutaten in Streifen schneiden. Die Paprikaschoten halbieren, entstielen, entkernen, die weißen Scheidewände entfernen. Die Schoten waschen und in Streifen schneiden.

3. Das Gemüse mit dem Tomatenmark und dem Tomatensaft in die Brühe geben und mit Salz und Pfeffer würzen. Das Gemüse in etwa 30 Minuten gar kochen lassen, den Saft der Roten Bete und das gewürfelte Fleisch hinzufügen, miterhitzen und den Borschtsch mit Salz, Pfeffer, Zucker und Essig abschmecken. Die saure Sahne dazu reichen.

Beigabe: Kräftiges, dunkles Brot.

DIE ZUTATEN:

750–1000 g HOHE RIPPE
500 g RINDFLEISCH-
KNOCHEN
1 BUND SUPPENGRÜN
1 ½ l SALZWASSER
1 KNOBLAUCHZEHE
250 g ZWIEBELN
750 g WEISSKOHL
(VORBEREITET GEWOGEN)
1 GLAS (430 g)
EINGELEGTE ROTE BETE
1 DOSE (400 g) TOMATEN
2 GRÜNE PAPRIKASCHOTEN
1 DOSE (70 g) TOMATEN-
MARK
SALZ
FRISCH GEMAHLENER
PFEFFER
ZUCKER
ESSIG
1 BECHER (150 g)
SAURE SAHNE

DIE ZUTATEN:

2 ZWIEBELN

3 KNOBLAUCHZEHEN

600 g GRÜNE PAPRIKA-
SCHOTEN

350 g KARTOFFELN

3 EL OLIVENÖL

1 ½ l GEMÜSEBRÜHE

230 g ROTE LINSEN

2 EL TOMATENKETCHUP

SALZ

FRISCH GEMAHLENER
PFEFFER

200 g GERÄUCHERTE
FORELLENFILETS

PAPRIKA-LINSEN-EINTOPF

(FOTO)

1. Zwiebeln und Knoblauch abziehen und in feine Würfel schneiden. Paprikaschoten halbieren, entstielen, entkernen, die weißen Scheidewände entfernen, die Schoten waschen und in Würfel schneiden.

2. Kartoffeln schälen, waschen und ebenfalls in Würfel schneiden.

3. Öl in einem Topf erhitzen. Zwiebel- und Knoblauchwürfel darin andünsten. Brühe, Kartoffelwürfel und Linsen hinzufügen und aufkochen lassen, 15 Minuten garen. Paprikawürfel dazugeben, alles zum Kochen bringen und weitere 5–10 Minuten bei schwacher Hitze köcheln lassen.

4. Den Eintopf mit Ketchup, Salz und Pfeffer würzen. Forellenfilets grob zerteilen, evtl. vorhandene Gräten entfernen und die Forellenstücke kurz in dem Eintopf erwärmen.

Tipp:
Nach Belieben mit kernigem Landbrot servieren.

DIE ZUTATEN:

500 g RINDFLEISCH

1 kg WIRSING

375 g KARTOFFELN

40 g SCHWEINESCHMALZ

2 MITTELGROSSE
ZWIEBELN

SALZ

FRISCH GEMAHLENER
PFEFFER

KÜMMELPULVER

750 ml (¾ l) WASSER
ODER FLEISCHBRÜHE

2 EL GEHACKTE
PETERSILIE

WIRSINGEINTOPF

1. Fleisch unter fließendem kalten Wasser abspülen, trockentupfen und in kleine Würfel schneiden.

2. Die groben äußeren Blätter des Wirsings entfernen, Wirsing vierteln, den Strunk herausschneiden, Kohl abspülen, abtropfen lassen und in Streifen schneiden. Kartoffeln schälen, waschen und in Würfel schneiden.

3. Schmalz erhitzen und Fleischwürfel unter Wenden schwach darin bräunen lassen.

4. Zwiebeln abziehen, halbieren und in Scheiben schneiden. Kurz bevor das Fleisch genügend gebräunt ist, Zwiebelscheiben hinzufügen und kurz miterhitzen.

5. Fleisch mit Salz, Pfeffer und Kümmel würzen. Wirsing, Kartoffeln und Wasser hinzufügen und in etwa 60 Minuten gar schmoren lassen.

6. Den Eintopf abschmecken und mit Petersilie bestreuen.

Tipp:
Die Garzeit für den Eintopf verkürzt sich um etwa 25 Minuten, wenn statt des Fleisches kleine Mettwürstchen (Rauchenden) verwendet werden. Zubereitung: Zwiebeln in Schmalz andünsten, die restlichen Zutaten mit Gewürzen und Mettwürstchen hinzufügen.

RATGEBER

Der Unterschied zwischen Suppe und Eintopf ist fließend – buchstäblich. Eintöpfe sind weniger flüssig und meist herzhafter. Häufig werden sie deshalb als Hauptgericht serviert. Suppen sind dünnflüssig oder sämig und werden meist als Vorspeise gereicht.

Die Grundlage für jeden Eintopf und jede Suppe ist eine Brühe. Sie wird entweder selbst hergestellt oder aus im Handel erhältlicher, gekörnter Brühe zubereitet.

Was als Brühe, Bouillon oder elegant französisch als Consommé bezeichnet wird, ist ein Extrakt aus Fleisch und Knochen, Gemüse, Kräutern und Gewürzen. Eine Brühe kann auf Suppenfleisch-, Geflügel- oder Fischbasis mit Suppengrün oder Gemüsebasis gekocht werden. Dabei geben die Zutaten ihre Geschmacks- und Inhaltsstoffe an das Wasser ab, was den Suppen und Eintöpfe ihren kräftigen, unvergleichlichen Geschmack verleiht.

Eine gebundene Suppe erhält man, wenn man in die Brühe angerührtes Mehl oder andere Getreideprodukte, Reis, Kartoffeln, Hülsenfrüchte oder püriertes Gemüse gibt, wodurch die Suppe eine sämige Konsistenz bekommt. Die leichteste Bindung wird durch Eigelb und Sahne erreicht. Dabei muss vorsichtig vorgegangen werden, da das Eigelb durch zu hohe Temperaturen leicht gerinnt.

Grundrezept Fleischbrühe

250 g zerkleinerte Rinderfleischknochen
250 g Rindfleisch, z.B. Hohe Rippe
1 ½ l kaltes Salzwasser
1 Bund Suppengrün
2 mittelgroße Zwiebeln
2 Nelken
1 Lorbeerblatt

1. Das Fleisch unter fließendem kalten Wasser abspülen, in das Wasser geben, zum Kochen bringen, etwa 1 ½ Stunde ziehen lassen.

2. Suppengrün putzen, waschen und klein schneiden. Zwiebeln abziehen, in Scheiben schneiden. Mit dem Suppengrün, den Nelken und dem Lorbeerblatt in die Brühe geben, noch 1 Stunde schwach kochen lassen.

3. Wenn das Fleisch gar ist, die Brühe durch ein Sieb gießen.

Die Grundzutaten

Fleisch: Zum Kochen und Garziehen in der Suppe eignen sich am besten folgende Stücke vom Rind: Lappen, Mittelbugstück, Bugschaufelstück, Flach- oder Querrippe, Hohe Rippe, Brust und Nacken.

Ausgezeichnete Suppen bereitet man auch aus Suppenhühnern, Hühner-, Enten- und Gänseklein.

Gemüse und Kräuter: Wenn möglich, sollte man nur frische Ware verwenden. Gemüse, das mit der Schale verwendet wird, sollte vor dem Putzen und Zerkleinern gründlich warm abgewaschen und abgerieben werden. Je länger man das Gemüse mitkocht, desto mehr wertvolle Inhaltsstoffe gehen verloren.

Frische Kräuter werden abgespült und trockengetupft. Sie werden mitgekocht oder frisch kurz vor dem Anrichten über die Suppe gestreut.

Gewürze: Mit Gewürzen gibt man jeder Brühe das gewisse Etwas. Dabei kommt es auf die richtige Dosierung an. Immer erst eine kleine Prise hineingeben und lieber nachwürzen, wenn der

RATGEBER

Geschmack noch nicht rund ist. Die Brühe kann mit Muskat oder Safran, wenig Cayennepfeffer oder Tabascosauce, Sojasauce, mit Piment und sogar exotisch mit Zimt abgeschmeckt werden. Weiter bieten sich an: Curry, Ingwer und Paprika.

Alkohol: Ein Schuss Cognac oder Weinbrand hat schon manchen Feinschmecker begeistert. Genauso wie der Schuss Sherry, von dem der trockene „fino" gut geeignet ist. Aber auch hier zunächst nur ein paar Spritzer und lieber nachwürzen.

Suppeneinlagen: Am einfachsten ist es, kleine Nudeln (Sternchen, Buchstaben, Haar- oder Glasnudeln), Reis oder Hirse in der Suppe mitzukochen. Auch Schinken- und Wurstscheibchen, Fleisch-, Geflügel- oder Fischwürfel oder Pfannkuchenstreifen eignen sich hervorragend. Croûtons lassen sich schnell aus entrindeten Weißbrotwürfeln herstellen.

Klößchen (Leber-, Semmel-, Fleisch- oder Fischklößchen) oder Nocken (Grieß-, Mehl-, Quarknocken) bestehen aus einem entsprechenden Teig, der für Klößchen mit nassen Händen geformt, für Nocken mit einem Löffel abgestochen wird.

Eierflocken entstehen, indem man ein Ei in die stark kochende Brühe laufen lässt. Das Ei muss sofort gerinnen, damit sich möglichst große Flocken ausbilden.

Eierstich ist etwas zeitaufwendiger, verfeinert die Suppe aber sehr. Zusätzlich können fein gehackte Kräuter, fein geriebener Käse oder Tomatenmark unter das Ei gerührt werden. Besonders gut lässt sich Eierstich in der Mikrowelle zubereiten.

Entfetten: Wenn die Brühe noch heiß entfettet werden soll, gießt man die Brühe durch ein Haarsieb.

Das Fett, das nach oben steigt, wird mit einem Löffel abgeschöpft.

Lässt man die Brühe erkalten, lässt sich die festgewordene Fettschicht leicht von der Oberfläche abheben.

Klären: Um die Brühe zu klären, benötigt man für 1 Liter lauwarm erhitzte Brühe je 100 g Möhren und Knollensellerie, die man in 2 Esslöffeln Öl dünstet. Lauwarm abkühlen lassen und mit 3 zu weichem Schnee geschlagenen Eiweiß mischen. Die Mischung in die Brühe rühren. Die Brühe unter ständigem Rühren zum Kochen bringen, damit das Eiweiß nicht ansetzt. Sobald das Eiweiß an der Oberfläche schwimmt, wird die Brühe durch ein Tuch abgeseiht und ist nun klar.

Die Brühe lässt sich sehr gut auf Vorrat kochen und einfrieren. Pro Person rechnet man etwa 250 ml (¼ l) Brühe. Zum Einfrieren gibt man die kalte Brühe in Gefrierdosen oder -beutel. Kann die Brühe nicht eingefroren werden, sollte sie innerhalb von 2–3 Tagen aufgebraucht werden. Sie muss offen auskühlen und dann im Kühlschrank aufbewahrt werden.

Die Brühe wird während der Zubereitung nicht gesalzen oder mit Gewürzen abgeschmeckt. Auch nicht vor dem Einfrieren. Gesalzene Brühe wird während des Reduzierens und beim Einfrieren salziger. Also erst dann abschmecken, wenn die Brühe endgültig zum Essen vorbereitet wird.

KAPITELREGISTER

HEYNE KOCHBUCH
07/2015

Herausgeber: Genehmigte Lizenzausgabe für den Wilhelm Heyne Verlag, München, 2001
http://www.heyne.de

Copyright: © 2001 by Dr. Oetker Verlag KG, Bielefeld

Titelgestaltung: Kontur Design, Bielefeld
Graphisches Konzept: Andrea Kelger, Bielefeld
Gestaltung: M·D·H Reiner Haselhorst, Bielefeld

Redaktion: Jasmin Gromzik

Rezeptberatung: Annette Elges, Bielefeld

Fotos: Fotostudio Büttner, Bielefeld
Thomas Diercks, Hamburg
Hartmut Kiefer, Paris
Kramp & Gölling, Hamburg
Fotostudio Lippert, Bielefeld
Christiane Pries, Borgholzhausen
Fotostudio Toelle, Bielefeld
Bernd Wohlgemuth, Hamburg
Brigitte Wegner, Bielefeld

Satz: Typografika, Bielefeld

Reproduktion: Mohn Media · Mohndruck GmbH, Gütersloh

Druck: Mohn Media · Mohndruck GmbH, Gütersloh

Printed in Germany

ISBN 3-453-19021-1